AF509650

CATALOGUE
DE LIVRES
CHOISIS ET CURIEUX,

De la plus belle condition, reliés en maroquin & veau doré sur tranche, provenant d'une Bibliothéque que vient d'acquérir FROULLÉ, Libraire, Pont - Notre - Dame, en face du Quay de Gêvres, & qui seront vendus à l'amiable, le Lundi 8 Février 1779. Les prix seront portés au commencement de chaque Volume.

THÉOLOGIE.

Textes & Versions de l'Ecriture-Sainte.

Biblia Hebraica Roberti Stephani, 6 vol. in-16. Paris, 1544. rel. en vel.

Introduction à l'Ecriture-Sainte, trad. du Latin du R. P. Lamy, Lyon, 1709, 1 vol. in-40. rel.

Biblia Hebraica cum punctis secundùm ultimam Josephi Athiæ (Anni 1667) à Joanne Leusden recognita aliosque Codices optimos recensita, variisque notis illustrata, ab Everhardo Vander Hoogt, Amstelodami, Boom, 1705, 2 vol. in-8°. veau, *Voyez* la Bibliographie, No. 9.

Marii de Calasio Concordantiæ Bibliorum Hebraicè & Latinè, Romæ, 1621, 4 vol. in-fol.

Biblia Sacra Latina Vulgatæ editionis, jussu Sixti V. recognita & edita, & tribus tomis distincta, Romæ, ex Typographiâ Apostolicâ Vaticanâ. Opera Aldi Manutii, Aldi Nepotis, 1592, in-fol. veau, belle édition bien conservée, *V.* la Bg. N. 39.

Biblia Sacra 70 Interpr. Græcè & Latinè, cum novo Testamento, Græc. Lat. opera & studio Joannis Morini, Parisiis, Antonius Stephanus, 1628, 3 vol. in-fol. veau. *V.* la Bg. N. 16.

Concordantiæ veteris Testamenti Græcæ, Ebræis vocibus respondentes, Authore Kirchero, Francof. 1607, 2 vol. in-4°. v.

Biblia Sacra Latina Vulgatæ editionis, Sixti V. & Clementis VIII. cum notis Historicis & Chronologicis (Claudii Lancellot.) Parisiis, Vitré, 1662, in-fol. veau. *V.* la Bg. N. 44.

Biblia Sacra Vulgatæ editionis Sixti V. Clementis VIII. Pont. Max. auctoritate recognita editio nova notis Chronologicis Historicis Geographicis illustrata, Parisiis, Vitré, 1671, 1 vol. in-4°. maroquin, bien conditionné. *V.* la Bg. N. 45.

Biblia Sacra Vulgatæ editionis Sixti V. Coloniæ Agrippinæ, sumptibus Bernardi Gualteri & Sociorum, 1630, in-12. maroq. rouge, tranche à compartiment, connue sous le nom de la Bible des Evêques, elle est de la plus belle condition.

Eorumdem Bibliorum Sacrorum editio altera, curis Roberti Stephani, Hæbræa, Chaldæa, Græca & Latina. Parisiis, ex Officinâ Roberti Stephani, 1540, in-fol. c. m. fig. lavé & réglé.

Biblia Sacra, *Coloniæ Agrippinæ*, 1640, 6 vol. in-18. maroq.

Harmonia Evangelica & Historia Christi, auctore Clerico, Amst. 1699, 1 vol. in-fol. m. r.

A

Méditations sur la Concorde, par M. Legros, Paris, 1730, 3 vol. in-12. v. b. d. f. t.

Concorde des quatre Evangélistes, par M. le Roux, Paris, 1699, 1 vol. in 80. m. d. f. t.

Histoire & Concorde des 4 Evangélistes, par M. Arnaud, Paris, 1712, in 12. m. b.

Méditations sur l'Histoire de la Concorde des Evangiles, Lyon, 1696, 3 vol. in-12. v. b. d. f. t.

Réflexions morales sur les quatre Evangiles, Paris, 1699, 4 vol. in-12. m. r.

Méditations sur les Epitres de S. Paul, par M. Legros, Paris, 1730, 3 vol. in-12. v. b. d. f. t.

L'Evangile médité (par M. l'Abbé de Quesne,) Paris, 1773, 12 vol. in-12. v. b. d. f. t. f.

Huetii Demonstratio Evangelica, Parisiis, 1679, in-fol. m. r.

Analyse sur les Epîtres, les Actes des Apôtres, par Mauduit, Paris, 1697 & 1713, 8 vol in-12. m. r.

Entretiens sur les Evangiles de S. Matthieu, par le Sieur Armand, Paris, 1690, 3 vol. in-12. m. r.

Epîtres & Evangiles, avec des Explications par Demandes & par Réponses, Paris, Mariette, 1737, 3 vol. in-12. éc. d. f. t.

Epîtres & Evangiles, avec les Oraisons qui se disent aux Messes, dédiées à M. de Noailles, Paris, 1754, in-12. m. r.

Concordantiæ Bibliorum Latinorum Vulgatæ editionis, à Fr. Luca Brugensi, recensitæ & emendatæ cum Præambulis Huberti Phalesii. Coloniæ Agripp. ab Egmont. 1684. in-80. rel. en vel. d. f. t.

La Sainte Bible, trad. sur les Textes originaux, avec les différences de la Vulgate, Cologne, 1739, 1 vol. in-12. m. r.

La Sainte Bible, en Latin & François, par M. l'Abbé de Vence, donnée par M. Rondet, Avignon, 1777, 17 vol. in-4o. m. r.

La Sainte Bible, qui contient le Vieux & le Nouveau Testament, édition revue par M. Samuel Desmarets, Amst. chez Louis & Daniel Elzevier, 1669, 2 vol. in-fol. v. f. c. m.

Histoire critique du Vieux Testament, par Richard Simon, Roterd. 1685, 6 vol. in-40. veau.

Histoire du Vieux & du Nouveau Testament, par David Martin, enrichie de plus de 400 fig. gravées en taille-douce, Amst. Mortier, 1700, 2 vol. in-fol. m. b. belles épreuves.

Histoire Sacrée en tableau, pour M. le Dauphin, par M. de Brianville, Paris, 1670 71 & 75. 3 vol. in-12. v. f. d. f. t.

Histoire du Vieux & Nouveau Testament,

avec des explications édifiantes, tirées des Sts. Peres. Vienne, 1664, in-8o. m. r. fig.

Ancien Testament de Mesangui, Paris, 1753, 10 vol. in-12. m. r.

Abrégé de l'Histoire & de la Morale de l'ancien Testament, Paris, 1754, in-12. m. v.

Synopsis Criticorum aliorumque Sacræ Scripturæ interpretum, Londini, 1676, 5 vol. in-fol. gr. pap. vel.

Novum Testamentum Christi, Coloniæ Agripp. 1630, in-32. m. v.

Le Nouveau Testament de Notre-Seigneur J. C. trad. en François, selon l'édition Vulgate, avec les différences du Grec, Mons Migeot, 1668, in-12. m. v. lavé & réglé.

Le Nouveau Testament de Notre-Seigneur J. C. trad. sur l'édition Latine, par le Pere Amelot, Paris, 1688, 2. vol. in-4o. fig. m. r.

Psalterium Græcum, Venetiis, 1643, in-80. m. r.

Liber Psalmorum cum notis, Authore Dupin, Parisiis, 1691. in-8o. m. r.

Liber Psalmorum Davidis, Regis & Prophetæ ex idiomate Syr. in Latinum translatus à Gabriele Sionita, Parisiis, 1625, in-40. velin.

Liber Psalmorum Vulgatæ editionis, Paris, 1746, in-12. veau.

Liber Psalmorum Vulgatæ editionis cum notis. Parisiis, 1719, in-40. v. éc. d. f. t.

Les Pseaumes paraphrasés, suivant les sens littéral & Prophétique, Paris, 1738, 3 vol. in-12. v. éc. d. f. t.

Les Pseaumes de David, expliqués par Théodoret, S. Basyle & S. Jean Chrysostôme, par le Pere Duranti, Paris, 1761, 7 vol. in-12. m. r.

Le Pseautier de David, tiré des Auteurs ecclésiastiques & de S. Jérôme, à trois colonnes, 2 vol. in-80. m. r.

Nouvelle Trad. du Livre des Pseaumes, selon la Vulgate, avec des notes littérales & grammaticales, à trois colonnes, Paris, 1705, 1 vol. in-80. m. r.

Les Pseaumes de David, Latin & François, avec des Réflexions morales sur chaque Verset, Paris, 1700, 3 vol. in-12. m. b.

Paraphrases sur divers Pseaumes fort mystérieux, où l'on verra le sens spirituel & le vrai sens du Roi Prophete, par M. Baillon, Paris, 1711, 4 vol. in-12. m. r.

Paraphrases courtes, ou Traduction suivie des Pseaumes de David, avec des Argumens qui en donnent la véritable idée, Paris, 1698, 3 vol. in-12. v. b d. f. t.

Edvardi Pocockii Commentarius in Prophetiam Ezechielis, Lypsiæ, 1695, in-40. v.

Commentaire fur l'Apocalypfe , par M.
l'Abbé Joubert, Avignon , 1762, 2 vol.
in-12. m. r.

Explication des grands & petits Prophetes, par M. l'Abbé Joubert, Avignon,
1759, 10 vol. in-12. v. j. d. f. t.

Regles pour l'intelligence des Saintes-Ecri-
tures , Paris , 1716 , in-12. m. r.

Difcours hiftoriques & critiques fur la
Bible, par Jacques Saurin , La Haye ,
1728. 6. vol. in-fol. v. f. belles ép.
pap. royal.

Le Dictionnaire hiftorique critique chronologique géographique & littérale de
la Bible , par Auguftin Calmet , Paris ,
1730 , 4. vol. v. f. d. f. r. gr. papier.

Paffages choifis de l'Ecriture-Sainte , ré-
duits en exercice pour tous les jours
du mois, Paris, 1696, 2 vol. in-24 m. v.

Biblia magna Commentariorum Literalium ,
curâ & ftudio Joannis de la Haye ,
Parifiis, 1643, 5 vol. in-fol. v. filets.

La Sainte Bible , trad. en François , avec
l'Explication du fens littéral & du fens
fpirituel, par M. de Sacy, Paris, 1692
& années fuiv. 32 vol. in-80. rel. en
37 vol. in-80. m. b. lav. & reg.

Canones & Decreta Concilii Tridentini in
ædibus Populi Romani , Paulus Manu-
tius , Romæ , prima editio , 1564 , in
fol. m. r.

Sancti Concilii Tridentini Canones & Decreta , Antv. ex Officinâ Plantinianâ ,
1640 , in-24. maroq.

Concilii Tridentini , Antv. 1640, in-18.
maroq.

Concilia Antiqua Galliæ collecta per Ja-
cobum Sirmundum, Parifiis , 1629, 3
vol. in-fol. rel.

Liturgies.

Miffa Apoftolica editio græca & latina ,
Lutetiæ, Morel, 1595. — Sancti Gregorii
Papæ quem Dialogum græci nominant
Divinum Officium, five Miffa gr. lat.
ibid. 1595. — Conftantini Imperatoris
Refcriptum ad Arium & Arianos gr. &
lat. ibid. 1595. in 80 V. la Bg No. 193.

Miffa Apoftolica feu Divinum Sacrificium
fancti Petri Apoftoli, gr. lat. cum Wil-
helmi Lindani Epifcopi Gandavenfis apo-
logiâ pro eâdem Liturgiâ : item vetu-
tiffimus in Sanctæ Apoftolicæ Miffæ Ca-
nonem Commentarius, ex admiranda
Patrum orthodox. antiquitatibus concin-
natus Antw. Plantinus , 1589, in-80.
V. la Bg. No. 192.

Encænialia Scholæ Tigurinæ celebrata ora-
tione de quotidianâ fidelium morte, à
Johanne Jacob Hottingero. Tuguri ,
1733, in-40. carton.

Année Eccléfiaftique, ou Inftructions fur
le Propre du Temps & celui des Saints,

Paris , 1734 , 15 vol. in-12. m. r.

Année Chrétienne, par M le Tourneux ,
Paris , 1745 , 6 vol. in-12. m. r.

Heures manufcrites, fur velin, fig. en mi-
gnature , in-40.

Miffel de Paris , Latin-François, Paris ,
1764 , 12 vol. in-12. veau brun , doré
fur tranche, fil. y compris Quinzaine
de Pâque & quarante Matines.

Le Miffel de Paris, fuivant le Nouveau
Bréviaire, 4 vol. in-12 m. r.

L'Office de la Nuit & de Laudes, fuivant le Nouveau Bréviaire, Paris, 1745 ,
vol. in-12. veau.

L'Office de l'Eglife noté, pour les Dimanches & Fêtes à l'Ufage des Laïcs.
Paris , 1760 , 7 vol. in-80 m. r.

Office de l'Eglife en Latin & en François,
contenant l'Office de la Sainte Vierge ,
Paris , 1701 , in-12. chagrin garni en
argent.

Eucologe , ou Livre d'Eglife à l'ufage des
Laïcs , tout latin, Paris , 1770 , 1 vol.
in 12. m. r.

Le petit Eucologe , 1 vol. in 18. m. r.

Le petit Paroiffien , contenant l'Office
complet, fuivant le Nouveau Bréviaire
latin & françois , 2 vol. in-12. petit
papier, m. n.

Le Pfeautier diftribué tout latin , fuivant
le Nouveau Bréviaire de Paris , 1736 ,
in 12. mar. roug. — Idem. in-24. m. r.

Pontificale Romanum Clementis VIII , &
Urbani VIII , Colon. 1682, in 12. m. r.

Confidérations fur les Dimanches , les
Fêtes & les Myfteres, par M. de S. Cy-
ran, Paris , 1671 , 2 vol in-80. m. r.

Saints Peres Grecs & Latins.

Thefaurus novus Anecdotorum in lucem
editus , autore Edmundi Martene. Lutetiæ Parifiorum , 1717 , 5 vol. v. m.
gr. pap.

Sancti Dionyfii Areopagitæ, opera gr. &
lat. Antv. 1634, 2 vol. in-fol. veau.

Philonis Judæi opera quæ reperiri potuerunt omnia, cum Notis & Obfervatio-
ribus Thomæ Mangey, Typis Guilielmi ,
Bowyer, 1742, 2 vol. in-fol. v. f. d. f. r.

Sancti Juftini philofophi & Martyris opera ,
gr. & lat. ftudio Monachorum Congre-
gationis fancti Mauri, Parifiis , 1742,
in fol. veau , gr. pap.

Sancti Irænei Lugdunenfis Epifcopi adver-
fus hærefes Libri quinque gr. & lat.
edente Renato Maffuet , Parifiis, 1710,
in fol. veau.

Clementis Alexandrini opera gr. & lat.
cum notis Joannis Potheri, Oxonii ,
2 t. 1 vol. in-fol. rel. gr. pap.

S. Cyrilli Alexandrini opera , Gr. Lat. ex
editione Joannis Auberti , Parifiis ,
1688 , 7 v. in-fol.

A ij

Eusebii Cæsariensis Episcopi Demonstratio
& Præparatio Evangelica gr. & lat. ex
Versione cum notis Francisci Vigeri,
Parisiis, 1628, 2 vol. in-fol. veau.

Sancti Atnanasii opera gr. & lat. studio
Dom Bernardi Montfaucon, Benedictini, Parisiis, 1698, 3 vol. in-fol. g. p.

Collectio nova Patrum & Scriptorum Græ-
corum Athanasii, Eusebii, &c. gr. & lat.
edente Dom Bernard de Montfaucon,
Paris, 1706, 2 vol. in-fol.

Sancti Hilarii opera omnia, edente & an-
notante Petro Coutant Benedictino, Parisiis, 1693, un vol. in-fol. veau.

Sancti Gregorii Episcopi Nisseni opera,
græcè & lat. Parisiis, 1638, 3 vol. in
fol. veau.

L. C. Lactantii, opera omnia, Auctore
Nicolao Dufrenoy, Lutetiæ Parisiorum,
1748, 2. v. in-40. veau.

Sancti Gregorii Episcopi Turonensis opera,
nec non Fredegatii Scolastici Epitome
& Chronicon, edente Theodoro Ruynart,
Paris, 1699, in-fol. veau.

Sancti Bernardi opera, ex secundâ editione Mabillonii Benedictini, Parif. 1690,
2 vol. in-fol. rel. g. p.

Sancti Paulini Nolani Episcopi opera,
Parisiis, 1685, in 40. veau.

Sancti Fulgentii Ruspensis Episcopi opera,
Parisiis, 1684, 40. veau.

Œuvres de S. Prosper d'Aquitaine sur la
grace, le libre Arbitre & la prédestina-
tion des Saints, Paris, 1762, in-12.
v. de l. d. f. t.

Guillelmi Alverni, Parisiensis Episcopi
opera omnia, Parisiis, 1674, 2 vol. in-
fol. rel.

Joannis Gersonis opera, edita & illustrata
Ludovico Elies Dupin, Antv. 1706,
5 vol. in fol. rel en 3.

Stephani Baluzii Miscellanea novo ordine
digesta, aucta studio Joannis Dominici
Mansi Lucensis, Lucæ, 1761, 4 vol.
in-fol. veau.

Joh. Caspari Suiceri Thesaurus ecclesiasti-
cus è Patribus græcis ordine alphabetico
exhibens, Amst. 1682, 1 vol. in-fol. vel.

Les Lettres de S. Augustin, trad. en françois, par M. Dubois, Paris, 1684, 6
vol. in-8o. m. r.

Explications de S. Augustin & des autres
Peres latins, sur le Nouveau Testament,
par M. Fontaine, Paris, 1689, 4 vol.
in-8o. m. r.

Théologie Scholastique & Morale.

Traité des principes de la Foi chrétienne,
Paris, 1737, 3 vol. in-12. v. b. d. f. t.

Explication de Job, par Duguet, Paris,
1732, 4 vol. in-12. v. b. d. f. t.

Philippi à Limborch Theologia christiana
ad praxin pietatis ac promotionem Pacis-
christianæ unicè directa, edit. quinta,
Amst. 1730, 1 vol. in fol. éc. filets.

Traité de la Croix de Notre-Seigneur J.
Ch. ou Explication des mysteres de la
Passion, par Duguet & d'Asfeld, Paris,
1733, 14 vol. in-12. v. f. d. f. t.

Instructions dogmatiques & morales, pour
faire saintement la premiere Commu-
nion, Paris, 1690, in-12. maroq.

Marci Antonii Nattæ Astensis de Deo
Libri 15, Venetiis, 1559, 1 vol. in-fol.
rel. en écail.

Réflexions morales sur les ouvrages de
Dieu, dans l'ordre de la nature &
de la grace, Paris, 1701, in-12. m. r.

L'usage & les fins de la Prophétie, par
Sherlock, Paris, 1754, 2 vol. in-12.
veau éc. fil. sur plat.

Discours sur l'usage des Prophéties, trad
de l'Anglois, Amst. 1744, in-8o. veau,
filets.

Agneau Paschal, Cologne, 1686, in-8o.
v. f. d. f. t.

Pratiques de Piété, pour honorer le Saint
Sacrement, Cologne, 1697, in-8o. v. f.
d. f. t.

Mœurs des Israélites & des Chrétiens,
par M. l'Abbé Fleury, Paris, 1755, in-12.
v. m. d. f. t.

Theologia dogmatica Natali Alexandro,
Parisiis, 1714, 2 vol. in-fol. v.

Morale Chrétienne, rapportée aux Instructions que J. C. nous a données dans
l'Oraison dominicale, Paris, 1709, in-40.
éc. d. f. t.

Traité sur la priere publique, Paris, 1707,
in-12. m. r.

Le Verbe incarné, ou Instructions pratiques & prieres, Paris, 1759, in-12.
m. r.

La Mort des Pêcheurs dans l'impénitence,
Paris, 1709, in-12. m. r.

Exercices sur les Sacremens de Pénitence
& d'Eucharistie, Paris, 1750, in-12.
v. éc. d. f. t.

Les trois Vérités, par Pierre Charron,
Paris, 1601, in-8o. m. r.

Le Théâtre des défauts & mœurs des
Chrétiens du siecle d'à présent dont Dieu
se plaint, envoyé miraculeusement en
terre, avec le Recueil des pieuses Prieres & Exhortations du feu Roi d'Angleterre, Jacques II, dédiée au Roi
son Fils, in-40 v. b.

Essais de Morale, de Nicole, Paris, 1705,
20 vol. in-12. pet. pap. m. r.

L'Esprit de Nicole, Paris, 1765, 1 vol.
in-12. m. d f t.

Esprit de Leibnitz, ou Recueil de Pensées choisies sur la Religion, la Morale, l'Histoire, la Philosophie, Lyon,
1772, 2 vol. in-12. veau.

Dissertation sur l'union de la Religion,
de la Morale & de la Politique, tirée

de Warbutton, par Silhouette, à la Haye, 1742, 2 vol. in-12. veau

Ouvrages de M. Forbes, contenant des Pensées sur la Religion naturelle & révélée ; trad. de l'Anglois, par le Pere Houbigant, Lyon, 1769, in-8o. veau.

Observations historiques & critiques sur le Mahométisme, trad. par Sale, Génev. 1751, in-8o. veau.

Ouvrages de M. Lesley, contre les Déistes & les Juifs, trad. de l'Anglois, par le Pere Houbigant, Paris, 1770, in-8o. veau.

L'Insuffisance de la Religion naturelle, prouvée par les Vérités contenues dans les Livres de l'Ecriture-Sainte, par le Pere Griffet, Liege, 1770, in-12. 2 vol. r.

Traité de la Vérité de la Religion chrétienne, par Abbadie, Roterd. 1684, 2 vol. in-8o. v. b. d. f. t.

Théologie Catéchétique & Parénétique.

Il Catechismo ò vero Instituzione Christiana di Bernardino Ochino da Siena informa di Dialoguo in Basilea, 1561, in-12. veau, V. la Bg.

Catechismus Concilii Tridentini, Colon. 1687, in-18. maroq.

Catechismus ex Decreto Concili Tridentini ad Parochos Pii V. Pont. Max. jussu editus, Romæ, 1566, apud Paulum Manutium, in-fol. m. r.

Catéchisme philosophique, ou Recueil d'observations propres à défendre la Religion Chrétienne, par l'Abbé Flexchier de Reval, Paris, in-8o m. r.

Le Catéchisme du Concile de Trente, trad. nouvelle, 1678, in 12. v. f. d. f. t.

Instructions générales en forme de Catéchisme, par M. de Colbert, Bruxelles, 1704, 3 vol in-12. m. r.

Exposition de la Doctrine Chrétienne, ou Instructions sur les principales Vérités de la Religion, par de Mesanguy, Utrecht, 1744, 6 vol. in-12. v. b. doré sur tranche.

De sacris electionibus & ordinationibus ex antiquo & novo Ecclesiæ usu, auctore Francisco Hallier, Romæ, 1749, 3 vol. in-fol. v. m.

Dissertationes quatuor quibus Episcopatûs jura ex Scripturis & primæva antiquitate adstruuntur contra sententiam Blondelli aliorumque, autore Hammond, Londin. 1651, 1 vol. in-4o. veau.

Synodus Parisiensis de imaginibus, Francofurti, 1596, in-12. veau.

Prediche di Bernardino Ochino da Siena con la sua Tavola nel fine, 1543, 4 vol. in-12. veau.

Sermons pour l'Avent, le Carême & les principales Fêtes de l'année, par le Pere Jard, Paris, 1768, 5 vol. in-12. veau.

Instructions générales en forme de Catéchisme, imprimées par ordre de M. Colbert, Paris, 1702, 4 vol. in-12. veau. — Ejusd. 1707, 3 vol. in-12. veau.

Sermons sur divers Textes de l'Ecriture-Sainte, par Charles Bertrand, Amst. 1712. in-8o. veau.

Sermons pour l'Avent & sur divers sujets, par le Pere Anselme, Paris, 1731, 4 vol. in-8o. veau.

Sermons du Pere de Neuville, Paris, 1777, 8 vol. in-12. veau.

Instructions générales en forme de Catéchisme, par ordre de M. de Charancey, Toulouse, 1748, 5 vol. in-12. veau.

Instructions sur les Mysteres de N. S. J. C. & les principales Fêtes de l'année, par de Singlin, Paris, 1683, 5 vol. in-8o. m. r.

Opus Sermonum quadragesimalium super Epistolas & Evangelia quadragesimalia Religiosissimi viri Joannis Raulin Ordinis Cluniacensis, Parisiis, Petit, 1518. in-4.

Sermons de S. Augustin, sur les Pseaumes, Paris, 1683, 7 vol. in-8o. m. r.

Sermons sur différens Sujets, prêchés devant le Roi, par le Pere Soanen, Lyon, 1767, 2 vol. in-12. v. f. d. f. t.

Sermons pendant le Carême, par M. l'Abbé Torné, Paris, 1765, 3 vol. in-12. v. b. d. f. t.

Sermons de Messire Jacques-Benigne Bossuet, Evêque de Meaux, Paris, 1772, 9 vol. in-8o. éc. filets sur plat.

Sermones pulcherrimi variis Scripturarum doctrinis referti de sanctis per anni totius circulum concurrentibus ; editi à Venerabili viro Sacræ Theologiæ professore Jacobo de Voragine Ordinis Prædicatorum quorumdam Episcopo Januensi absque anni & loci indicatione, in-4°.

Sermones dominicales perutiles à quodam fratre Hungaro Ordinis Minorum, 1498.

Opera posthuma Joannis Mabillonii, Vincentio Thuillier, Parisiis, 1724, 3 vol. in-4o. veau.

Théologie mystique & contemplative.

Le Militaire en solitude, ou le Philosophe chrétien, à la Haye, 1736, in-12. v. tr. d.

Prieres Chrétiennes en forme de Méditations, Paris, 1724, 2 vol. in-12. m. b.

Danielis Heinsii ad novum Testamentum libri viginti. Lugduni Batavorum, 1639, 1 vol. in-fol. v. b.

Prieres du Pécheur pénitent, Paris, 1727, in-18. m. r.

Ægræ animæ dolorem suum lenire conantis pia in Psalmum 118. Soliloquia, auct. Hamon, 1684, in-12. m. r.

Entretiens affectifs de l'ame avec Dieu,
sur les 150 Pseaumes, par Messire
Jacinte Serrony, Paris, 1688, 3 vol.
in-80. v. b. d. f. t.

Les effusions de Cœur, ou Entretiens spi-
rituels & affectifs d'une ame avec Dieu,
par un Religieux de la Congrégation de
S. Maur, Paris, 1729, 5 vol. in-12. m. r.

Retraite de dix jours en forme de Méditations pour la Fête de Noël, Paris,
1761, in-12. m. r.

Les Saints désirs de la Mort, par le Pere
Lallemant, Paris, 1687, in-18. m. r.

La Solitude chrétienne, Paris, 1667, 3
vol. in-12. pet. pap. mar. rouge.

Instructions chrétiennes sur les afflictions,
Paris, 1721, 2 vol. in-12. pet. p. m. r.

Le Chemin royal de la Croix, trad. du
latin de Benoît Haeften, Paris, 1737,
2 vol. in-12. maroq. rouge.

Instructions sur les Sacremens de Pénitence
& de l'Eucharistie, Paris, 1746, 1 vol.
in-12. m. r.

De Imitatione Christi, Libri quatuor,
Parisiis, 1743, in-80. m. r.

Thomæ à Kempis de Imitatione Christi,
Lugduni apud Elzeverios, sans date,
in-18. m. r.

L'Ame amante de son Dieu, représentée
dans les Emblêmes de Hermannus Hugo
sur les pieux désirs, & dans ceux d'O-
thon Vænius sur l'Amour divin, avec
des fig. nouv. Cologne, 1717, m. r.

Entretiens avec J. C. dans le S. Sacrement
de l'Autel, par un Religieux Bénédic-
tin, Paris, 1752, in-12. mq. v.

Entretiens d'une ame avec Dieu, Avignon,
1740, in-12. m. r.

De l'Immortalité de l'ame & de la vie
éternelle, par Guillaume Sherlock, Amst.
1708, in-80. veau.

Mémoires concernant la Théologie & la
Morale, Amst. 1732, in-12. v. f. d. f. t.

Dissertations sur l'existence de Dieu, par
Jacquelot, à la Haye, 1697, 1 vol.
in 40. v.

L'Existence de Dieu, démontrée par les
merveilles de la Nature, par M. Nieu-
wentit, Amst. 1760, 1 vol. in-40. fig.

Le Chevalier chrétien, par le Pere Benoit,
Paris, 1609, in-12. v. f. d. f. t.

Théologie Polémique.

Pancarpium Marianum Septemplici titulo-
rum serie distinctum ut in B. Virg. odorem
curramus & Christus formetur in nobis,
autore David, Antv. ex Officinâ Plantinianâ, 1618, 2 vol. in-8°. m. r.

Dialogus beati Gregorii Papæ, ejusque
Diaconi Petri in quatuor libros divisus,
de vita & miraculis Italicorum & de
æternitate animarum absque anni &
loci indicatione, in-8°. v. f.

Sacrum oratorium piarum imaginum im-
maculatæ Mariæ & animæ creatæ, ac
Baptismo, pœnitentia & Eucharistia in-
novatæ, auctore Bivero, 2 vol. in-8°.
m. r.

Martini Grandin, Doctoris & Socii Sorbo-
nici opera Theologica, Parisiis, 1710,
5 vol. in-40. v. b.

Réfutation de Spinosa, Bruxelles, 1731,
2 vol. in-12. m. r.

Cymbalum Mundi, ou Dialogues satyriques sur différens sujets, par Bonaven-
ture des Periers, par Prosper Marchand;
Amst. 1753, in-12. veau.

Les Imaginaires & les Visionnaires, par
Nicole, Col. 1683, in-80. veau.

Attonis Episcopi Vercellarum opera, Ver-
cellis, 1768, 2 vol. in-fol. fig. veau.

La Religion des Mahométans exposée par
leurs propres Docteurs, avec des Eclair-
cissemens, par M. Reland, La Haye,
1721. 1 vol. in-12. v. f. fig.

Les Provinciales, ou Lettres écrites par
Louis de Montalte, à un Provincial de
ses amis au sujet du relâchement de la
Morale des RR. PP. Jésuites, Cologne
de la Vallée, Elzevir, 1657, in-12. m. r.

Idem avec les notes de Vendrock, Amst.
1735, 3 vol. in-12. v. éc. d. f. t.

Disputa di Bernardina Ochino da Siena
intorno alla presenza del Corpo di Giesu
Christo nel Sacramento della cena, in
Basilea, 1561, V. la Bg. inf.

Protestatio Concionatorum aliquot Augus-
tanæ confessionis, adversùs Conventum
Tridentinum, 1593. In eodem Volum.
de sectis dissentionibus liber authore
Matthia Flacio Illirico, Basileæ, 1585,
in-80. V. la Bg. No. 468.

Le Militaire philosophe, ou Difficultés sur
la Religion proposées au Révérend Pere
Mallebranche, Lond. 1768, in-12. éc.

Antonii Cornelii infantium in limbo
clausorum querela adversùs divinum ju-
dicium, Apologia divini judicii respon-
sio infantium & æqui judicii sententia,
Parisiis, Wechel, 1531, in-40. V. le
No. 400 de la Bg.

La Vie de Spinosa, par un de ses Disci-
ples, augmentée du Catalogue de ses
écrits, à Hambourg, 1635, 1 vol.
in-12. maroq.

Théologie Hétérodoxe.

L'Alcoran des Cordeliers, tant en latin
qu'en françois, avec les fig. de Bernard Picart, Amst. 1734, 2 vol. in-12.
veau.

L'Alcoran de Mahomet, trad. d'arabe en
françois, par du Ryer, à la Haye,
1683, in-12. m. r.

Idem. en caractères Arabes, 1 vol. in-40.
v. manusc. belle écriture.

Alcoranus Muhammedis, filii Abdallæ pseudo-Prophetæ ex Museo Abrahami Kinckelmanni, Hamburgi, 1694, in-40. v.

La Conférence du Diable avec Luther, contre le saint Sacrifice de la Messe, Paris, 1749, 1 vol. in-12. veau.

JURISPRUDENCE.

Corpus Juris Canonici, auctore Pithou, Parisiis, 1687, 2 vol. in-fol. m. r.

Vetus & nova Ecclesiæ Disciplina, auct. Thomassin, Parif. 1688, , vol. in-fol.

Bref de Benoît XIV, contre le Pere Berruyer. — Discours aux Grands de Pologne sur la nécessité de bannir les Jésuites. — Lettre à un Ami, concernant les Jésuites. — Bref du Pape Clément XIV, portant Suppression de ladite Société, in-12. v. j. d. f. t.

Traité du Gouvernement de l'Eglise, trad. du latin de Febronius, Paris, 1769, 2 tomes en 1 vol. in-40. maroq.

Petri de Marca de Concordia Sacerdotii & Imperii, seu de libertatibus Ecclesiæ Gallicanæ libri octo, Parisiis, 1704, 1 vol. in-fol.

Traité de l'abus, par Fevret, Lauf. 1778, 2 tom. en 1 vol. in-fol. v. marb.

Recueil de Jurisprudence Canonique, par Guy Roufseau de la Combe, Paris, 1 vol. in-fol. v. b. d. f. t.

Auberti Miræi opera Diplomatica & Historica, cum correctionibus Francisci Foppens, Lovanii, 1723, 4 vol. in-fol. v.

Digestorum seu Pandectarum libri quinquaginta, Florentiæ, 1553, 2 vol. in-fol. v. f.

Petri & Francisci Pithœi, Jurisconsultorum Obfervationes ad Codicem & novellas Justiniani Imperatoris, Parisiis, è Typographiâ Regiâ, 1689, in-fol. v. marb. filets.

Histoire de la Jurisprudence Romaine, par Antoine Terrasson, Paris, 1750, in-fol. v. b. d. f. t.

Histoire du Droit public & Ecclésiastique François, par M Brunet, Lond. in-40. v. éc. d. f. t.

Les Loix Ecclésiastiques de France, par d'Hericourt, Paris, 1771, 1 vol. in-fol. v. b. d. f. t.

Recueil des Actes, Titres & Mémoires concernant les affaires du Clergé de France, Paris, 1716, 12 vol. in-fol. veau.

Traités des Droits & Libertés de l'Eglise, Gallicane, par Pithou, 1731, 4 tomes rel en 3 vol. v. b. d. f. t.

Le Clergé de France, par M. l'Abbé Dutems, Paris, 1774, 4 vol. in-80. mar.

Corps universel de Diplomatique, avec le Supplément, par Jean Dumont. Histoire des Traités de Paix & Négociations de Nimegue, par Jean de St. Prest. Négociations secretes touchant la paix de Munster, par Jean le Clerc, Amst 1725, 21 vol. in-fol. v. b. filets.

Le Droit de la Nature & des Gens, de Pufendorf, Amst. 1734, 2 vol. in 4. m.

Le Droit de la Guerre & de la Paix, trad. de Grotius, par Barbeyrat, Amst. 1734, 2 vol. in-40. maroq.

Hugonis Grotii de Jure Belli ac Pacis libri tres, Lauf. 1751, 5 vol. in-40. éc.

Corpus Juris Civilis cum notis Gothofredi, Amst. apud Elzevirios, 1663, 2 vol. in-fol. m. r.

Principes du Droit François, Paris, 1757, 1 vol. gros marbr. d. f. t.

Code Matrimonial, par l'Eridan, Paris, 1770, 1 vol. in-40. v. b. d. f. t.

Œuvres de Montesquieu, Amst. 1758, 3 vol. in-40 m. r.

Les Loix Civiles de Domat, Paris, 1767, 2 vol. in-fol. v b. d. f. t.

Capitularia Regum Francorum cum veteribus Malculfi & aliorum formulis edente Stephano Balufio, Parisiis, 1677, 2 vol. in-fol. rel.

Théorie des Loix Civiles, par Linguet, Lond. 1767, 2 vol. gros marb. d. f. t.

Recueil d'Edits & d'Ordonnances Royaux sur le fait de la Justice & autres matieres les plus importantes, par Pierre Neron, Paris, 1720, 2 vol. in-fol. v.

Recueil d'Arrêts du Parlement de Paris, par Bardet, Paris, 1690, 2 vol. in-fol. veau.

Remontrances du Parlement sur l'affaire de Bretagne, 1767, 1 vol. v. de l. d. f. t.

Le Droit Commun de la France, par Bourjon, Paris, 1770, 2 vol. v. b. d. f. t.

Le Coutumier de Vermandois, Paris, 1718, 2 vol. in-fol. v. m.

Le Coutumier de Picardie, Paris, 1726, 2 vol. in-fol. v. m.

Le nouveau Coutumier général, par de Richebourg, Paris, 1724, 4 vol. in-fol. v. b. d. f. t.

Le Nouveau Commentaire, sur la Coutume de Paris, par Ferriere, Paris, 1751, 2 vol. in-12. maroq.

Corps & Compilation de tous les Commentateurs anciens & modernes sur la Coutume de Paris, par Claude Ferriere, 1714, 4 vol. in-fol veau.

Caufes Célebres & Intéressantes, avec les Jugemens, par M. Gayot de Pitaval, Amst. 1764, 20 vol. in 12 veau.

Journal du Palais, ou Recueil des principales décisions de tous les Parlement & Cours souveraines de France, pas Mrs. Blondeau & Gueret, Paris, 1755, 2 vol. in-fol. veau.

Journal du Palais, ou Recueil de plusieurs

Arrêts remarquables du Parlement de Toulouse, Toul. 1759, 6 vol. in-4°. v.

Les Œuvres de Bacquet, augmentées par Claude Joseph de Ferriere, Lyon, 1744, 2 vol. in-fol. veau.

Les Œuvres de Me Charles Loiseau, Paris, 1678, 1 vol. in-fol. veau.

Nouveau Recueil de plusieurs questions Notables du Parlement de Paris, par Lucien Soefve, Paris, 1682, 2 vol. in-fol. v. f.

Traité de la Justice criminelle, par Jousse. Paris, 1771, 4 vol. in-4. v. éc. d. f. tr.

Traité de l'Administration de la Justice, par Jousse. Paris, 1771, 2 vol. in-4. v. éc. d. f. t.

Les Avantages du Mariage, Brux. 1748. in-12. v. b. d. f. t.

Les Œuvres de M. le Chancelier d'Aguesseau, 10 vol. in-4. veau.

Idem. 1772, 9 vol. in-8. v. b. d. f. t.

Procès de M. de la Chalotais. 1770, 4 vol. in-12. v. b. d. f. t.

Plaidoyers de M. de la Bedoyere. Paris, 1768, 2 vol. in-12. gros marb. d. f. tr.

Defensorium Curatorum contra eos qui Privilegiatos se dicunt. in-8. vel.

Le Dictionnaire de Droit & de Pratique, par Ferriere. Paris, 2 vol. v. br. d. f. tr.

Le Style universel de toutes les Cours, par Goret. Paris, 1734, 2 vol. in-12. m. r.

Le Style du Châtelet de Paris & de toutes les Jurisdictions du Royaume. Paris, 1770, in-4. v. b. d. f. t.

Les Actes de Notoriétés, par Denisart. Paris, 1756, in-4. v. éc. d. f. t.

La Science des Notaires, par de Visme. Paris, 1771, 2 vol. in-4. v. br. d. f. tr.

Collection de Jurisprudence, par Denisart. Paris, 1771, 4 vol. in-4. v. b. d. f. t.

Instructions des jeunes Seigneurs & de leurs Gens d'affaires. Paris, 1770, v. m. d. f. t.

Nouvel Abrégé Chronologique de l'Hist. & du Droit public d'Allemagne, par M. P. Feffel. 1776. 2 vol. in-4. veau éc. fil. sur plat.

ode Frédéric. 1751, 3 vol. in-8. veau br. doré sur tranche.

Loix de Sardaigne. Paris, 1771, 2 vol. in-12. marb. doré sur tranche.

Commentaires sur les Loix Angloises de Blaxton. Brux. 1774, 6 vol. in-8. v. brun doré sur tranche.

SCIENCES ET ARTS.

Introduction aux Sciences.

Origine des Sciences & Arts, de Goguette. Paris, 1758, 3 vol. in-4. v. f. d. f. t.

Dictionnaire de l'Industrie, ou Collection raisonnée des procédés utiles dans les Sciences & Arts, par une Société de Gens de Lettres. Paris, 1776, 3 vol. in-8. écaille, filets.

Recherches sur l'origine des découvertes attribuées aux modernes, Paris, 1776, 2 tom. en un vol. in-8. v. m. d. f. t.

Dictionnaire raisonné des Sciences, des Arts & Métiers, recueillis des meilleurs Auteurs, & mis en ordre par MM. Diderot & d'Alembert. Paris, Briasson, & années suivantes, 33 vol. in-fol. mar.

Philosophie ancienne & moderne, avec différens Ouvrages y relatifs.

Platonis, opera græc. lat. ex Joannis Serrani interpretatione. Excudeb. Henricus Stephan. 1578, 3 vol. in-fol. rel. v. f.

Œuvres de Platon, trad. par André Dacier. Par. 1701, 2 vol. in-12. vel.

Danielis Georg. Morhofi, Polyhistor. Litterarius, Philosophus & Practicus, à Jo. Mollero. Lubecæ, 1741, 2 v. in-4. veau.

Paschasii Philosophiæ alea. Amst 1642, in-24. vel.

Le Diogene de d'Alembert, ou Diogene des sens, par M. de Premonval Berlin, 1755, in-12. maroq. rouge.

Joan. Piersoni verisimilium, libr. duo.

Lugd. Batav. 1752, in-8. v. m.

Amusement philosophique. Amster. 1735, veau jaspé d. f. tr.

Hist. critique de la Philosophie, où l'on traite de son origine, de ses progrès, & des diverses révolutions qui lui sont arrivées jusqu'à notre temps, par M. Deslandes. Amst. 1737, 4 vol. in-12. fig. veau, filets sur plat.

La Philosophie du bon-sens, par le Marq. d'Argens. La Haye, 1748, 3 v. in-12. veau marb. d. f. tr.

Theses inaugurales, quas ex Senatus Parthenici decreto, auspice candela & candelabro propugnabit, ingenua Cornelia nivora. Virginopoli. in-24. rel.

La Bibliothéque des anciens Philosophes, avec la République de Platon & le Manuel d'Epictete, par Dacier, 9 vol. in-12 maroq. rouge.

Les Discours philos. de Pontus de Tyard, Seigneur de Bissy, & depuis Evêque de Châlon. Par. 1587, in-4. veau.

Hist. philosophique de Hume, en anglois. 2 v. in-8. v. rel. angloise.

The Works of The Late Right, honorable Joseph Addisson, esq; Birminingham, Baskervic, 1761, 4 v. in-4. v. gr. pap.

L'Aristippe moderne. Paris, 1738, veau marb. d. f. tr.

Le Conte du Tonneau, contenant tout ce que les Arts & les Sciences ont de plus sublime & de plus mystérieux, par Swift. La Haye, 1741, 3 vol. in-12. fig.

MORALE.

MORALE.

L'Homme moral, ou l'Homme confidéré. Amft. 1775, in-12. éc. d. f. tr.

Recherches fur l'Entendement humain, d'après les principes du fens commun, par Thomas Reid. Amft. 1768, 2 tom. en un vol. in-12. veau jafpé d. f. tr.

Effais philof. concernant l'Entendement humain, trad. de l'Angl. de M. Locke par M. Cofte. Amft. Mortier, 1742, in-4. fig.

Idem. La Haye, 1714, fig. m. r.

Idem, de 1719, in-4. veau.

Idem, par M. Hume. Amft. 1758, 5 tomes en 4 vol. in-12. rel.

Principes de Morale, déduits de l'ufage des facultés de l'Entendement humain, par Formey. Leyde, 1762, 4 vol. in-12. maroq. roug.

De Vita & Moribus Epicuri, Lib. octo; auctore Petro Gaffendo. Hagæ Comitum, 1656, in 4. velin.

La Philofophie applicable à tous les objets de l'efprit & de la raifon, par feu M. l'Abbé Terraffon. Par. 1754, in-12. veau.

Principes de Philofophie, pour fervir d'introduction à la connoiffance de l'efprit & du cœur humain. Amft. 1749, in-12. veau marb. d. f. tr.

Cours de Sciences fur des principes nouveaux & fimples, pour former le langage, l'efprit & le cœur dans l'ufage de la vie, par le P. Buffier. Par. 1732, in-fol. v.

L'Homme, ou le Tableau de la vie. Par. 1764, 4 v. in-12. fig. veau jafp. d. f. tr.

Confidérations fur les mœurs de ce fiecle, par Duclos. Paris, 1764, in-12. veau éc. d. f. tr.

Eclairciffement fur les mœurs. Amfterd. 1762, in-12. éc. d. f. tr.

Le Monde moral, ou Mémoires pour fervir à l'hiftoire du cœur humain. Genev. 1764, 4 vol. in 12. veau brun d. f. tr.

Recherches fur l'origine des idées que nous avons de la beauté & de la vertu. Amft. 1749, 2 tomes en un vol. in-4. gr. pap. maroq. roug.

Effai fur l'homme, par Pope. Nouv. édit. donnée par M. Chapuis. Laufane, 1762, in-4. fig. veau éc. filets.

La Doctrine des mœurs, par M. de Gomberville. Par. 1684, in-12. veau marbré d. f. tr.

Nouvelle Théorie des plaifirs, par M. Sulzer, avec des réflexions fur l'origine du plaifir, par M. Haeftner. 1747, in-12. veau marbré d. f. tr.

Clervale Philofophe, ou la force des Paffions. Mémoires d'une femme retirée du monde, Paris, 1765, 2 tom. en 1 vol. in-12. d. f. t.

Les Caracteres de Théophrafte & de la Bruyere, avec des Notes par M. Cofte. Par. 1765, in-4. gr. pap. v. f. fil. fui plat.

Les Vicifitudes de la fortune, ou Cours de Morale mis en action, pour fervir à l'hift. de l'Humanité. Par. 1769, 2 tom. en un vol. in-12. fig. veau gros marb.

La Bagatelle, ou Difcours ironiques, dans lefquels l'on prête des fophifmes ingénieux au vice & à l'extravagance pour en faire mieux fentir le ridicule, par M. Van-Effen. Laufane, 1743, 2 vol. in-12. veau.

Sageffe de Charon. Par. 1657, in-12. m. v.

Idem, Edit. d'Elzevir, fans date, en m. b.

Réflexions hazardées d'une femme ignorante. Paris, 1766, 2 part. en un vol. in-12 gros marbre d. f. tr.

Le Philofophe fans prétention, ou l'Homme rare. Par. 1755, in-8. éc. d. f. tr.

Les derniers fentimens des plus illuftres Perfonnages condamnés à mort. Paris, 1776, 2 vol. in-12. veau marbr. d. f. tr.

Jo. Boccacii de Cafibus illuftrium virorum, lib. novem, cum hiftor. ad fatim cognofcendis, tum præclare inftituendis hominum moribus longe utiliffimi. Apud Joannem Pormontium, abfque loci & anni indicatione.

Of. liberum & mors ambitiofa Helvid. Prifci, Senatoris Romani, auctore Adamo Schiffmann. in-4. veau. & autres traités dans le même Volume.

Opera pofthuma in quibus Ethica, tractatus politicus, de intellectûs emendatione, &c. 1677, in-4. veau.

Lettres philofophiques fur les phyfionomies. Paris, 1748, in-8. d. f. tr.

Melange de maximes, de réflexions & de caracteres. Bruxelles, 1755, in-8. veau marbré.

Mémoires philofoph. du Baron de.... par M. l'Abbé Crillon. Par. 1777, 2 v. in-8. éc. d. f. tr.

Le Diogene moderne, ou le Défapprobateur, par M. Caftillon. Bouillon, 1770, 2 v. veau m. l. f. t.

Le Mentor moderne, ou Difcours fur les mœurs du fiecle, trad. de l'angl. d'Adiffon & autres. La Haye, 1728, 3 volum. in-12. veau d. f. tr.

Le Spectateur, ou le Socrate moderne, où l'on voit un portrait naïf des mœurs de ce fiecle. Par. 1755, 2 vol. in-12. mar. r.

Réflexions fur les grands hommes qui font morts en plaifantant. Amft. 1758, in-12. maroq. rouge.

L'Anti-Sans-fouci, ou la Folie des nouveaux Philofophes, par M. Formey. Bouillon, 1761, 2 vol. in-12. veau ma. d. f. tr.

Education & Economie.

Erafte, ou l'Ami de la Jeuneffe. Paris,

1773, 2 vol. in-8. veau brun d. f. tr.

Inftructions d'un pere à fes enfans, fur la Nature & la Religion, par Abraham Tremblay. Genev. 1765, 2 tomes en un vol. in-8. mar.

Œuvres de Madame la Marq. de Lambert, conten. les avis d'une mere à fon fils & à fa fille. Par. 1748, 2 vol. in-12. veau f. d. f. tr.

La Gamologie, ou de l'Education des filles deftinées au mariage, par M. de Cerfvol. Par. 1772, 2 part. en un vol. in-12. veau.

Diftionn. économique, par Chomel, revu par M. de la Marre. Par. 1787, 3 v. in-fol. veau marb. filets.

POLITIQUE.

Fœdera conventiones Litteræ, & cujufcumque generis acta publica, accurante Rymer, emendata ftudio Georg. Holmes. Hagæ Comitum, 1739, 10 volum. in-fol. v. m.

Difcours fur le Gouvernement, par Sidney, trad. de l'angl. par Samfon. La Haye, 1755, 4 vol. in-12. rel.

Hugon. Grotii de jure belli ac pacis, lib. tres, cum notis Gronovii. Amft. 1689, in-8. veau.

Phyfiocratie, ou Conftitutions du Gouvernement, recueillies par M. Dupont. Par. 1768, in-8. veau marb. d. f. tr.

Cours d'étude pour l'inftruction du Prince de Parme. Parme, 1766, 16 vol. in-8. veau de lait d. f. tr.

L'Efpion Turc dans les Cours des Princes Chrétiens. Cologn. 1739, 6 vol. in-12. maroq. rouge.

Le Pornographe, ou Idées d'un honnête homme fur un projet de réglement pour les proftituées. Londr. 1749, in-8. v. m.

Réflexions philof. fur l'impôt. Par. 1775, in-8. veau brun. d. f. tr.

Repréfentations à M. le Lieutenant-Gén. de Police de Paris fur les Courtifannes à la mode. Par. 1762, in-12. v. m. d. f. tr.

Légiflation & Commerce des grains, par M. Nekre. Par. 1755, in-8. v. jaf d. f. tr.

Le Prince Chrétien & politique, trad. de l'efpagn. par Rou. Par. 1668, 2 v. in-12. fig. maroq. rouge.

Le Diftionn. du temps, pour l'intelligence des nouvelles guerres. in-8. v. j. d. f. tr.

Traité de Plutarque, fur la maniere de difcerner un flatteur d'avec un ami; & le Banquet des fept Sages, dialogue du même Auteur. Paris, 1772, in-8. v. écail. filets fur p'at.

Traité des finances & de la fauffe monnoie des Romains. Par. 1740, in-12. mar. r.

La nouv. Ecole publique des finances, ou l'Art de voler fans ailes. Par. 1707, in-12. veau brun d. f. tr.

Etat civil, politique & commerçant du Ben-

gale. La Haye, 1775, in-8. v. j. d. f. t.

Le Droit de la Nature & des Gens, trad. de Pufendorff par Jean Barbeyrac. Londres, 1740, 2 vol. in-4. veau.

Le Droit de la guerre & de la paix, trad. de Hugues Grotius par le même. Bale, 1746, 2 vol. in-4. veau.

Le Militaire au-delà du Cange, par M. de Looz. Par. 1770, 2 vol. in-8. éc. d. f. t.

Inftructions pour les jeunes Seigneurs, par M. de la Chetardie. La Haye, 1710, in-12 br.

MÉTAPHYSIQUE.

Les Œuvres de Bonnet. Amft. 1764, 11 v. in-8. éc. d. f. tr.

Théologie aftronomique, ou Démonftration de l'exiftence & des attributs de Dieu par l'examen & la defcription des Cieux, par Guillaume Derham. La Haye, 1729, in-8. veau.

Théologie ou Démonftration de l'exiftence & des attributs de Dieu, par G. Derham, trad. de l'angl. par M. Jacq. Lufneu Par. 1732, in-8. veau.

Effais de Théodicée fur la bonté de Dieu, la liberté de l'homme, & l'origine du mal, par M. Leibnitz. Nouv. édit. par M. le Chev. Jaucourt. Amft. 1747, 2 v. in-12. veau.

Difquifitionum Magicarum, lib. fex; auctore Martino Delrio. Ludg. Bat. 1604, in-4. veau.

Les Génies affiftans. in-12, v. br. d. f. tt.

Hift. naturelle de l'ame, trad. de l'angl. La Haye, 1745, in-12. veau.

Idem, en veau fauve d. f. tr.

Effais d'un fyftême nouveau concernant la nature des être fpirituels, fondé en partie fur les principes de M. Lock. Neufchatel, 1742, 4 vol. in-8. v. de l. d. f. t.

Difcours philof. fur la création & l'arrangement du monde, par Vallade. Amft. 17 0, in-12.

Hift. philof. des Syftêmes tant anciens que modernes touchant l'origine de la création du monde. La Haye, 1740, in-12. v. marb. d. f. tr.

Le Syftême des anciens & des modernes fur l'état des ames féparées des corps. Lond. 1757, 2 v. in-12. v. marb. d. f. tr.

Planche de l'immortalité de l'ame, ouvrage non moins utile que délectable, traitant de chofes fort finguliéres, de l'imagination des démons & de l'ame, par G. Doncien. 1586. in-18. vel.

Recherches philof. fur la néceffité de s'affurer par foi-même de la vérité, fur la certitude de nos connoiffances, & fur la nature des êtres. Rotterd. 1743, in-8. veau fauve.

Préfence corporelle de l'homme en plufieurs lieux, prouvée philofophiquement par

les principes de la bonne philosophie.
Par. 1764, in-12. veau.

Edoardi Wottoni Oxoniensis, de differentiis animalium, lib. decem. Lut. Parif. apud Vascosanum, 1552, in-fol. veau.

Alberti Magni opus de animalibus impressum Mantuæ, per Paulum Joh. de Butschbach. Alamanum, anno 1479, in-fol. v. éc. filets sur plat. C. M.

Essais philof. sur l'ame des bêtes, où l'on traite de son existence & de sa nature. Amsterdam, 17-8, in-12. v. éc. filets sur plat.

Amusement philof. sur le langage des bêtes, par le Pere Bougeant. Paris, 1739, in-12. veau.

La Bête transformée en machine, par Darmanson, suivant la copie imprimée en 1684. in-18. veau marb. d. f. tr.

PHYSIQUE.

Physique générale & particuliere.

Les Livres de Jérôme Cardan. Par. 1584, 2 vol. in-8. fig. maroq. roug.

Jo. Keill introductiones ad veram Physicam & veram Aftronomiam, quibus accedunt Trigonometria, de viribus centralibus & de legibus attractionis. Lugd. Bat. 1739, in-4. fig. veau.

Les Leçons de Physique de Nollet. Paris, 1749, 6 v. in-12. fig. v. jasp. d. f. tr.

Differt. sur les tremblemens de terre & les éruptions de feu qui firent échouer le projet formé par l'Empereur Julien, de rebâtir le Temple de Jérusalem, par Warburton. Par. 1754, 2 vol. in-12.

Téliamed, ou Entretiens d'un Philosophe Indien avec un Missionnaire François. Amst. 1748, in-8. maroq.

Aftronomie physique, par M. Gamache. Par. 1740, in-4. fig. veau gros marbre.

Physique du Ciel, par le P. Berthier. Par. 1765, 3 vol. in-12. v. marb. d. f. tr.

Curiofités de la Nature & de l'Art, apportées dans deux Voyages des Indes, in-12. veau jafpé d. f. tr.

Differtationes de admirandis mundi cataractis, auctore Jo. Herbinio. Amftelod. 1678, in-4. veau.

Réflexions philof. sur le fyftême de la Nature, par Holland. Neufchatel, 1773, 2 part. en un vol. in-12. mar. r.

Caii Plin. fecundi hiftoriæ Naturalis, lib. 37, cum notis Harduini. Parif. 1723, 3 vol. in-fol. veau.

Les Œuvres d'Allain Maneffon, contenant la defcription de l'univers, fa Géométrie pratique & travaux de Mars. Par. 1683, 12 vol. in-8. maroq. rouge.

Emanuel. Swedenborgi principia rerum naturalium, five novorum tentaminum phænomena mundi elementaris philofo-

phicè explicandis, cum figuris æneis. Drefdæ & Lipfiæ, 1734, 3 vol. in-fol. fig. veau marb.

La Nature dévoilée, ou Théorie de la Nature. Par. 1772, in-12. v. jafp. d. f. tr.

De la Génération, & expofition des phénomenes, par M. Haller. Par. 1774, 2 vol. in-8. veau br. d. f. tr.

Ocellus Lucanus, de la nature de l'univers, par M. le Batteux. Par. 1768, in-8. veau m. d. f. t.

Thomæ Burn. Telluris, theoria facra originem, & mutationes orbis noftri complectens : accedunt ejufd. Archæologia, Philofophica, five Doctrina antiqua de rerum originibus. Amft. Woltert, 1699, in-4. bonne édit. d'un ouvrage recherché. V. la Bg.

Telluris theoria facra orbis noftri originem & mutationes generales, quas aut jam fubiit, aut olim fubiturus eft, complectens libri duo, priores de diluvio & Paradifo. Lond. 1631, in-4. veau.

Idem. Lond. 1702, in-4. veau fauv. fil.

Clavis Philofophiæ naturalis Ariftotelico Cartefiana, auctore Joan. de Raci. Amft. 1677, in-4. veau.

Effais sur l'Electricité des corps, par Nollet. Par. 1750, in-12. v. jafp. d. f. tr.

Lettres sur l'Electricité, par le même. Par. 1774, 3 vol. in-12. v. jafp. d. f. tr.

Hift. générale & particuliere de l'Electricité. Paris, 1752, 3 vol. in 12. v. m. d. f. t.

L'Art des Expériences, par Nollet. Paris, 1770, 3 vol. in-12. v jafpé d. f. tr.

Saggi di Naturali efperienze Fattenell Academia del Cimento, fotto la protezione del Sereniffimo Principe Leopoldo di Tofcana. In Firenze, 1667, in-fol. fig.

Recherches sur la caufe de l'Electricité, par Nollet. Par. 1749, in-12. v. j. d. f. t.

Hift. Naturelle générale & particuliere, avec la defcription du Cabinet du Roi, du Roi, par M. de Buffon. Paris, Impr. Roy. 1749, 19 vol. in 4. mar. rouge.

Dict. d'Hiftoire Naturelle, par M. Valmon de Bomare. Par. 1775, 6 vol. in-4. veau brun d. f. tr.

Hift. naturelle de l'Air, par l'Abbé Richard. Par. 1770, 10 v. in-12. v. m. d. f. tr.

La Nature dans la formation du tonnerre, par M. Poncelet. Par. 1766, in-8. fig. v. marb. d. f. tr.

De l'homme & de la femme, confidérés phyfiquement dans l'état du mariage. Lille, 1772, 2 v. in-12. v. de l. d. f. tr.

Syftême phyfique & moral de la femme, par M. Rouffel. Par. 1765, in-12. v. jaf. d. f. tranch.

Mélanges d'Hift. Naturelle, par Alléon Dulac. Lyon, 1665, 6 v. in-8. fig. v. marb. d. f. tr.

Réflexions sur différens fujets de Phyfique.

de Guerre , de Morale , de Critique , d'Histoire , de Mathématique , &c. Par. 1751 , in-8. veau.

AGRICULTURE & BOTANIQUE.

Andreæ Baccii de naturali Vinorum histo-ria , & libri septem : accessit de facti-tiis ac cervisiis , de quæ Rheni, Galliæ, Hispaniæ, & de totius Europæ Vinis, necnon de omni Vinorum usu Compen-diaria tractatio Romæ , ex Officinâ Nic. Manutii , 1596 , in-fol. veau. *V.* Gai-gnat , n. 1178.

L'Ecole du Jardin potager. Par. 1749 , 2 v. in-12. veau brun d. f. tr.

Le nouv. Théâtre d'Agriculture & ménage des champs , par Ligier, Par. 1723 , 2 v. in-4. d. f. tr.

Les Amusemens de la Campagne , de la Cour & de la Ville , augmentés des Plai-sirs de la vie champêtre. Amsterd. 1759 , 12 v. in-12. pet. pap. v. j. d. f. tr.

La nouvelle Maison Rustique , ou l'écono-mie générale de tous les biens de la Cam-pagne , la manière de les entretenir & les multiplier, &c. Paris , 1775 , 2 v. in-4. fig. v. m.

Le Manuel d'Agriculture pour le Laboureur propriétaire , par M. de la Salle. Paris , 1764. in-8. éc. d. f. t.

Les Elémens de Botanique de Pitton de Tournefort. Paris , Impr. Roy. 1694 , 3 vol. in-8. v. f. d. f. tr.

Alberti Haller historia stirpium indigena-rum Helvetiæ inchoata. Bernæ ; 1768 , 2 v. in fol. fig. veau.

Mém. pour servir à l'hist. des Plantes , par Dodart. Par. Impr. Roy. 1676 , in-fol. veau. pap. impér.

Basil. Besleri Hortus Cystetensis , sive Plan-tarum ex variis orbis partibus delineatio, & ad vivum repræsentatio. Norimbergæ, 1613 , 2 v. in-fol. v. éc. d. f. tr g. p.

Hesperides , sive de Malorum Aureorum cultura & usu , libri quatuor , Jo. Bapt. Ferrar. Senensis. Romæ , sumptibus Her-mann. Scheus , 1646 , in-fol. fig. veau. Voy. la Bg. n°. 1615.

Pyritologie ou Hist. naturelle de la Pyrite , par M. Jean-Fred. Henckel. Paris , 1760, in-4. v. m.

Nova Stirpium adversaria perfacilis vesti-gatio luculentaq. accessio ad Priscorum , præsertim Dioscoridis , & recentiorum ; materiam medicam , auctoribus Petro Pena & Matthia de Lobel. Antuerpiæ , 1766. in-fol. fig. Voy. la Bg. n°. 1560.

Georg. Everh. Rumphii herbarium Amboi-nense , curâ Jo. Burmanni. Amst. 1750 , 7 vol. in-fol. fig. v.

Jo. Bapt. Ferrar. Senensis , è Societate Jesu, de florum cultura , lib. quatuor. Romæ, 1633 , in-4. fig. v. éc.

Theatri Botanici Casp. Bauh. Prodromus , in quo plantæ supra sexcentæ proponun-tur, cum figuris. Francof. ad Mœnum , 1620 , in 4. v.

Joh. Bauhini & Joh. Henr. Cherleri histo-riæ Plantarum generales , novæ & abso-lutidimæ Prodromus. Ebroduni , 1619 , in-4. velin.

Exactissima descriptio rariorum quorundam Plantarum quæ continentur Romæ in horto Farnesiano , Tobiâ Aldino. Romæ, Mascardi , 1625 , in-fol. fig. veau. V. la Bg. n°. 1625.

J. Cornuti Canadensium Plantarum alio-rumque nondum editarum historia , cui adjectum est ad calcem Enchiridion Bo-tanicum Parisiense. Paris. 1635 , in-4. v. V. la Bg. n°. 1676.

De Plantis , lib. sexdecim , Andreæ Cæsalp. Aretini. Florent. 1583 , in-4. éc. fil. f. p. V. la Bg. n°. 1578.

Ulyssis Aldrovandi opera omnia. Bononiæ, Tebaldinus , 1646 , 13 vol. in-fol. rel.

HISTOIRE NATURELLE.

Des Oiseaux , Insectes & Poissons.

Dict. raisonné & universel des animaux , ou le Regne animal. Par. 1759 , 4 vol. in-4. v. fil.

Art de faire éclorre & élever en toutes sai-sons des oiseaux domestiques , par de Réaumur. Par. 1751 , 2 v. in-12. veau.

L'Hist. Naturelle , éclaircie dans une de ses parties , l'Ornitologie , qui traite des Oi-seaux de terre , de mer & de riviere , par M. Salerne. Par. 1767 , in-4. fig. v. m. gr. pap.

Ornythologie , ou Méthode contenant la division des Oiseaux , par M. Brisson. Par. 1760 , 6 v. in-4. fig. v. f. d. f. tr.

Franc. Willughbeii Ornithologiæ , lib. III, ex recensione Joan. Raii. Lond. 1676 , in-fol. fig. v.

Hist. Nat. des Oiseaux , par M. de Buffon, fig. enlum. Paris , 1772 , Impr. Roy. 4 v. in fol. dont 3 rel. en m. r. & le 4e prêt à couvrir.

Traité d'Insecteologie , ou Observ. sur les Pucerons , par Ch. Bonnet. Par. 1765 , 4 vol. in-8. v.

Hist. gén. des Insectes de Surinam, par Mlle de Mehan. Par. 1772 , 2 v. in-f. fig. v. f. C. m.

Abrégé de l'hist. des Insectes , pour servir de suite à l'hist. naturelle des Abeilles. Par. 1747 , 4 v. in-12. v.

Insectorum sive minimorum Animalium Theatrum olim ab Edwardo Wottono, Conrado Gesnero Thomaque Pennio in-choatum , opera & sumptibus Th. Moef-feti. Lond. Cotes, 1634 , in fol. fig. Voy. la Bg. n°. 1734.

Franc. Willughbeii de historia Pifcium, lib. IV. *Oxonii, è Theat. Sheldoniano*, 1686, in-fol. fig. v.

Guill. Rondeletii de historiâ Pifcium, lib. 18, cum altera parte in quâ Teftacea, Turbinata, & Cochleæ, Infecta & Zoophyta, Stagnorum, Marinorum, Lacuum, Fluviorum, Paludum, Pifces, poftremo Amphybia delineantur; cum figuris eorum ligno incifis. Lugd. Bonhomme, 1554 & 1555, 2 v. in-fol. fig. v. Voyez la Bg. n°. 1717.

P. Jov. Novocomenfis, liber de Pifcibus marinis, lacuftribus & fluviatilibus. Romæ, in Ædibus F. Manut. Calvi, anno 1527, in-4. *V.* Gaignat, n. 1118.

Hippol. Salviani aquatilium animalium hiftoria, cum eorumdem formis ære incifis elegantiffime. Romæ, 1554, in-fol. gr. pap. fig. enlum. rare. V. la Bg. n°. 1716. m. r. bien confervé.

Ichthyologia & Nomenclaturæ animalium marinorum, fluviatilium, lacuftrium quæ in Ducatibus Slefvici, Holfaciæ & Hamburgi, occurrunt triviales, auctore Schonevelde. Hamburg. 1624, in-4. fig. rel. V. la Bg. n°. 1725.

Marc. Aurel. Severini Vipera Pythia : id eft de Viperæ naturâ, veneno, medicina, demonftrationes & experimenta. Patav. 1651, in-4. fig. rare. V. la Bg. n°. 1739.

Hift. naturelle des plus rares Curiofités, contenant les poiffons, écreviffes & crapes de diverfes couleurs & figures extraordinaires que l'on trouve aux Ifles Moluques & fur les côtes des Terres Auftrales, peints d'après nature des plus belles couleurs. Amft. in-fol. m. r.

Index teftarum Conchyliorum quæ adfervantur in Mufæo Nic. Gualtieri. Florent. 1742, in-fol. fig. br.

Hiftoire Naturelle des Métaux.

Effais fur l'hift. naturelle des Coralines, & autres productions marines du même genre, par Jean Ellis. La Haye, 1756, in-4. fig. v. éc. gr. pap.

Mineralogia, five Naturalis Philofophiæ thefauri, auctore Bern. Cæfio. Lugd. 1636, in-fol. v.

Traité de la fonte des Mines, par M. de Genfane. Par. 1770, 2 v. in-4. v. b. d. f. t.

De Metallicis, lib. tres, Andrea Cæfalpino auctore. Romæ, 1596, in-4. v. éc. V. la Bg. n°. 1570.

Idem. Noribergæ, 1602, in-4. v.

Natha. Sendelii hiftoria Succinorum corpora aliena involventium. Lipfiæ, 1742, in-fol. C. mag. cum fig. v. b.

Difcours philof. fur la formation des fels, par M. Bourguet. Amft. 1729, in-12. m. r.

De Thermis Andreæ Baccii, lib. feptem. Romæ, 1622, in-fol. vel.

Georg. Agricolæ, 21 lib. de ortu & caufis fubterraneis aliifque. Bafileæ, 1546, in-f. v. Voy. la Bg. n°. 1480.

MÉDECINE.

Dict. raifonné univerfel de Matiere Médicale. Par. 1773, 6 vol. in-8. éc. fil.

Hippocratii & Galeni opera omnia, gr. & lat. à Charterio. Lut. Parif. 1681. 13 v. in-fol. v.

Lettres philof. férieufes, crit. & amufantes, traitant de la Pierre Philofophale, de l'incertitude de la Médecine, de la félicité temporelle de l'homme, &c. Par. 1733, in-12. v.

Jo. Herculani perfpicua atque optima explicatio in qua de febribus agitur. Venet. ex officina Vagrifiana, 1560, in-f. Dans le même, il y a différens Traités de cet Auteur.

Religio Medici. 1644, in-12. v. f. d. f. t.

Dict. univerfel de Médecine, trad. de l'anglois de James par MM. Diderot, Eidous, Touffaint, revu par Julien Buffon. Par. 1746, 6 vol. in-fol. v.

De la Confervation du fang humain. Par. 1778, in-12. v. m. d. f. t.

CHYMIE.

Traité de la Chymie, par le Fevre. Paris, 1669, 2 v. in-12. fig. m. r.

La Philofophie occulte de Corneille Agrippa, trad. du lat. La Haye, 1727, 2 v. in-8. m. r.

Bibliothéque des Philofophes Chymiftes. Par. 1672, 2 v. in-12. fig. m. r.

Le Cofmopolite, ou les Nouvelles lumieres chymiques, par Duval, augmenté de la Lettre d'Antoine Duval. Par. 1733, in-12. m. r.

Traité de Chymie philofophique & hermétique. Par. 1725, in-12. m.

Nouveaux Secrets de Lemery. Amft. 2 v. in-12. fig. v. m.

Le Triomphe hermétique, ou la Pierre Philofophale victorieufe. Amfterd. 1699, in-12. v.

MATHEMATIQUE, ASTRONOMIE & MUSIQUE.

Œuvres de Maupertuis. Lyon, 1756, 4 v. in-4. m. r.

Tables de Logarithmes, par M. Gardiner. Avignon, 1770, in-4. v. éc. fil. f. pl. gr. pap.

Relation du monde de Mercure. Geneve, 1750, 2 v. in-12. p. p. m. r.

Hift. de la Mufique & de fes effets. Amft. 1725, 2 v. in-12. v. b.

ARTS.

Ecriture , Peinture & Architecture.

Traité des Chiffres , ou secretes Manieres d'écrire , par Blaise de Vigenere. Paris, 1685 , in-4. v.

Œuvres de Philippe Wouvermens, Hollandois , gravées d'après ses meilleurs Tableaux , qui sont dans les plus beaux Cabinets de Paris & ailleurs , dédiées à M. le Comte de Clermont , Prince du Sang, par Moyreau , Graveur. Par. 1737, in-fol. format atlas , demi- relieure.

Recueil de cent Estampes représentant différentes Nations du Levant, tirées sur les Tableaux peints d'après nature en 1707 & 1708, par les ordres de M. Ferriol, Ambassadeur du Roi à la Porte. Paris, 1714, in-fol. fig. gr. p.

Franc. Junii de Pictura veterum , lib tres. Roterod. 1694 , in-fol. fig. v. f. gr. p.

Recueil de Tableaux , Statues & Ornemens d'Audran , Rousselet & autres : in-fol. pap. roy. m. r.

Recueil des figures , grouppes , thermes , fontaines , vases & autres ornemens, tels qu'ils se voient actuellement dans le Parc de Versailles. Par. 1694, in-8. fig. m. r.

La Perspective pratique , nécessaire aux Peintres , Graveurs , Sculpteurs , Architectes , &c. par le P. du Breuil. Sec. édit. Paris , Langlois , 1651 , 3 v. rel. en un.

Perspectiva Pictorum & Architectorum Andreæ Putei (en latin & en ital.). Romæ, 1723 & 1737 , 2 v. in-f. rel. en vel.

Les dix Livres d'Architecture de Vitruve. Sec. édit. revue , corrigée & augmentée par Perrault. Paris , 1684 , in-fol. fig. v. gr. pap.

M. Vitruvii Pollionis de Architectura , lib. decem , cum notis , &c. Ex editione Jo. de Laet , cum figuris. Elzevir, 1649. in-f.

Tactique , Arts gymnastiques & autres.

Leonis Imperatoris Tactica , sive de re Militari liber , cum notis Jo. Meursii. Lugd. Bat. 1612 , in-4. fig. v.

Tactique Navale , ou Traité des évolutions & des signaux , par M. de Morogues. Par. 1763 , in-4. fig. v. m.

Le Bombardier François , ou nouvelle Méthode de jetter les Bombes , par Belidor. Par. 1731 , in-4. fig. v.

Exercice de l'Infanterie Franç. ordonné par le Roi le 6 Mai 1755 , dessiné d'après nature dans toutes ses positions . & gravé par Baudoin : 1757 , in-fol. v. m. gr. p.

L'Art de naviger , perfectionné par la connoissance de la variation de l'aimant , par M. Denis Prêtre. Dieppe , 1666.

Cours d'Hippiatrique , ou Traité complet de la Médecine des chevaux , orné de 65 planches gravées avec soin , par M. Lafosse. Par. 1772 , in-fol. fig. v. éc. d. f. t. gr. pap.

A. général System of Horsemanship in all it's Branches. London , 1743 , in-f. v. f. fil. f. p. fig.

Ecole de Cavalerie , par de la Gueriniere. Par. 1751. in-fol. fig. gr. p.

De Arte Gymnastica. Venetiis , apud Juntas , 1573 , in-4. v.

Traité des Horloges marines , avec fig. en taille-douce , par Ferd. Berthoud. Paris , 1773 , in-4. fig. v. m.

BELLES-LETTRES.

Dictionnaires & Grammaires des Langues Hebraïque & Orientale.

Lexicon Hebraicum & Chaldæo-Biblicum, auctore Petro Guerin. Lutet. Parif. 1746, 2 vol. in-4. v. m.

Jacobi Gollii Lexicon Arabico-lat. Lugd. Batav. Elzev. 1655 , 3 vol. in-fol. rel.

Lexicon Chaldaicum & Syriacum, Joanne Buxtorfio. Basileæ , 1622 , in-4. v.

Atrium Linguæ Sanctæ , autore Henrico Opitio. 1674 , in-4. vel.

Grammatica Arabica quinque Libris methodicè explicata à Thoma Erpenio. Leidæ , 1613 , in-4. vel.

Grammatica Hebraica & Chaldaica, auctore Petro Gonarin. Lutet. Parif. 1724, 4 vol. in-4. v. m.

Grammatica Ebreæ Linguæ curâ Gothofredi Steinbrecheri , 1661 , in-4. v.

Christiani Ravii Berlinatis Orthographiæ (Vulgo Etymologiæ.) Ebraicæ. Amst. 1646 , in-4. vel.

Paraphrasis Chald. 2. Libri Chron. hactenus inedita & multùm desiderata , curâ Matthiæ Friderici Beckii Prostat. Augustæ Vindel. 1683 , in-4. v.

Paraphrasis Chaldaica libri Chronicorum , curâ Matthiæ Friderici Beckii. Augustæ Vindel. 1680 , 2 vol. in-4. v.

Paradigmata de quatuor libris Orientalibus præcipuis Arabica Armenia-syria Æthiopica , à Petro Victore Cajetano Palma authore. Parif. 1596 , in-4. v.

Institutiones in Linguam Hebraicam , per Joannem Quinquarboreum. Parif. 1582, in-4. vel.

Clavis Talmudica maxima cum notis Henrici Jacobi Dashuysen. Hanoviæ, 1714, in-4. v.

Dictionnaires & Commentaires sur la Langue Grecque.

Hesychii Lexicon Græcum cum notis Henrici Stephani, pluriumque & animadversionibus Joannis Alberti. Lugduni Batav. 1766, 2 vol. in-fol. marb. gr. p.

Apollonii Sophistæ Lexicon Græcum Iliadis & Odisseæ cum Versione lat. Johannis Caspari d'Ansse de Villoison. Lutet. Parif. 1773, 2 vol. v. éc. fil. fur pl.

Thesaurus Græcæ Linguæ in Epitomen, five Compendium redactus studio Robertson. Cantabrigiæ, 1675, in-4. v. éc. fil.

Thesaurus Græcæ Poeseos, five Lexicon Græco Profodiacum, auctore Morell. Etonæ, 1762, in-4. v. éc. fil. fur pl.

Palæographia Græca, five de ortu & progreffu Litterarum Græcarum, auctore Montfaucon. Parif. 1708, in-fol.

Commentarii Linguæ Græcæ Guilielmo Budæo, Parif. ex Officinâ Roberti Steph. 1548, in-fol. v. f.

Cebetis Thebani tabula Græcè & Latinè, a Jacobo Gronovio. Amst. apud Henricum Wetstenium, 1689, in-12. v. f. fil. fur pl.

Dictionnaires & Recueils fur la Langue Latine.

Thesaurus Linguæ latinæ Roberti Steph. Parif. 1543, 3 vol. in-fol. v. éc. d. f. tr.

Thesaurus Linguæ latinæ Compendiarius Roberti Ainsworth en Anglois. Lond. 1761, in-4. v. marb.

Josephi Laurentii Lucensis Amalthea Onomastica, in qua voces universæ abstrusiores facræ, profanæ, antiquæ, antiquitatæ, usurpatæ, usurpandæ interpretantur. Lugd. 1664.

Index Verborum ac Phrasium Luciani, à Ritzio. Traj. ad Rhenum, 1746, in-4. veau.

Cyrilli Philoxeni aliorumque Veterum Glossaria Latino-Græca & Græco-latina, à Carolo Labbæo collecta. Lutet. Parif. 1682, in-fol. v.

Opus Grammaticum confummatum ex variis Elianis libris concinnatum, auctore Sebastiano Minutero. Basil. in-4. v.

Dictionnaires, Grammaires & Traités fur la Langue Françoife.

Essais Syntetique fur la formation des Langues. Par. 1774, in-12. v. br. d. f. t.

De la maniere d'apprendre les Langues. Par. 1768, in-8. maroq. rouge.

Dictionn. universel latin & françois, vulgairement dit Trévoux, Par. 1771, 8 vol. in-fol. v. br. d. f. tr.

Dictionn. de la Langue françoife ancienne & moderne, de Pierre Richelet, Amst. 1732, 2 vol. in-4. v.

— Idem. Lyon, 1759, 3 vol. in-fol. v. marb.

La Logique & Principes de Grammaire, de Dumarfais. Par. 1769, in-8. mar. r.

L'Art de bien parler & de bien écrire en françois, par Bauvais, Par. 1773, in-12, v. de l. d. f. tr.

Histoire naturelle de la Parole, ou Précis de l'origine du Langage & de la Grammaire univerfelle. Paris, 1776, in-8. fig. m. rg.

Le Monde primitif analysé & comparé avec le Monde moderne, par M. le Court de Gebelin. Par. 1775, 5 vol. in-4. mar. r.

RHÉTORIQUE.

Rhéteurs Grecs-Latins & Eloges.

Demosthenis & Æschinis principum Græciæ oratorum opera illuftrata Hieronimo Wolfio. Franc. apud Marnium, 1604, in-fol. v. f.

Les Œuvres complettes de Démosthène & d'Efchine, par M. l'Abbé Auger. Paris, 1777, 5 vol. in-8. v. j. d. f. tr.

Marci Tull. Ciceronis opera, corrigente Paulo Manutio Aldi. Venet. 1555, 10 vol. in-8. v. f. d. fur tr. bord. bordure.

M. Tull. Ciceronis opera. Glafguæ, 1749, 20 vol. in-18. v. marb. hl. f. pl.

Ejusd. opera, ex editione Josephi Oliveti. Genev. 1758, 9 vol. in-4. v. f.

Ejusd. opera, ex recensione Grævii Variorumque notis. Amst. ex Typographia Blaeu, 1688, 11 vol. in-8. v.

Ejusd. opera curante Isaaco Verburgio. Amst. 1724, 2 vol. in-fol. v.

Traité des Loix de Ciceron, trad. par M. Morabin Paris, 1717, in-12. v.

Panegerici Veteres cum notis Jacobi de la Baune. Parif. 1676, in-4. v. gr. p.

M. Fabii Quintiliani de Inftitutione oratoria libri duodecim innumeris locis emendati ex recensione Obrechti. Argentorati, 1698, 2 vol. in-4. v. f. fil. f. pl.

M. F. Quintiliani de Inftitutione oratoriâ libri duodecim cum Commentario Matthiæ Gefneri. Gottingæ. 1738, in-4. v. éc. fil.

M. F. Quintiliani de Oratoria Inftitutione libri 12. auctore Capperonnerio. Parif. 1725, in-fol. v. marb.

Eloge & Difcours philofophiques. Amst. 1776, in-8. maroq.

Eloge hiftorique de Callot. Brux. 1766, in-4. v. f.

Histoire des Caufes premieres, par le Batteux. Par. 1769, in-8. mar. r.

Poëtes Grecs.

La Poétique d'Aristote, trad. en françois avec des Remarques. Par. 1692, in-4. veau.

L'Illiade & l'Odissée d'Homere, trad. du grec en françois, avec les Remarques de Mde. d'Acier, avec fig. en taille-douce. Leyde, 1766, 7 vol. in 8 v. f. d. f. tr.

Homeri opera gr. & lat. Amst. ex Officina Westoniana, 1707, 2 vol. in-12. maroq. rouge.

L'Homere Travesti, ou l'illiade en Vers burlesques, orné de fig. en taille-douce. Par. 1716, 2 vol. in-12. v. m. d. f. tr.

Eustathii Commentarii gr. & lat. in Homeri Iliadem notis Antonii Salvini. Florent. 1730, 2 vol. in-fol. gr. p. veau.

L'Illiade & l'Odissée d'Homere, trad. en Vers françois, par M. de Rochefort. Par. 1772, 5 vol. in-8. gr. pap. v. éc. d. f. tr.

Hectoris Interitus Carmen Homeri sive Iliadis liber 22. Leovardiæ, 1747, in 8. v. f. fil. sur pl.

Nova Clavis Homer. cujus ope aditus ad intelligendos fine interpr. Iliadis lib. cum præfatione Jacobi Breitinger. Tur. 1761, 5 vol. in-8. v.

Incerti Scriptoris græci Fabulæ aliquot Homericæ de Ulidis erroribus, cum notis Joannis Columbi, Lugd. Batav. 1745, in 8. v. f. fil. f. pl.

Anacreon, Sapho, Bion & Moschus, trad. nouvelle en Prose. Paris, 1773, in-4. fig. pap. d'holl. rar. matoq.
— *Idem* in-8. éc. d. sur tr.

Tragédies d'Eschile. Par. 1770, in 8. v. marb. d. f. tr.

Euripidis Tragædiæ, quas è græco in latinum Carmen convertit Georgius Ratallerus cum annotationibus Valckenaer. Lugd. Batav. 1768, in-4. v. f. fil. sur pl.

Euripidis quæ exstant omnia Tragædiæ nempe viginti fragmenta, & Epistolæ ejusd. gr. & lat. studio Josuæ Barnes. Cantab. 1694, in-fol. vel. rare.

Iud. Casp. Valckenaii diatribe in Euripidis perditorum dramatum reliquias. Lugd. Batav. 1767, in-4. veau f. fil. fur pl.

Aristophanis Comediæ undecim gr. & lat. collectæ; à Ludolpho Kustero. Amst. 1710, in-fol. v. pap. royal. rare.

Aristophanis Comediæ undecim gr. & lat. cum notis Variorum, curante Petro Burmanno. Lugd. Batav. 1760, 2 vol. in-4. v. gr. pap.

Les Idilles de Théocrite, par Chabannon, Par. 1777, in-12. mar. r.

Callimachi Hymni epigrammata & fragmenta cum notis Variorum & Recensione Ernesti. Lugd. Batav. 1761, 2 vol. in 8. éc. fil.

Callimachi Hymni & Epigrammata gr. Glasg. 1755, in-4. v. éc. fil.

Les Odes pitiques de Pindare, par M. l'Abbé Chabannon, Par. 1772, in-8. mar. r.

Poëtes Latins.

Marci Plauti Comœdiæ, ex Variorum notis & Recensione Gronovii. Lugd. Batav. 1669, in-8. vel.

Petri Terentii Comœdiæ sex cum notis Variorum accurante Schrevelio. Lugd. Batav. 1662, in-8. v.

Publii Terentii Afri Comœdiæ sex cum notis Scaligeri Variorumq. 1657, in-8.

Publii Terentii Afri Comœdiæ. Lond. 1761, 2 vol. in 12. v. marb. fil. sur pl.

P. Terentii Afri Comœdiæ sex ex editione Westerhoviana. Glasg. 1742, in-8. v. f. fil. sur pl.

Les Comédies de Térence, trad. nouvelle, par M. l'Abbé le Monnier. Par. 1771, 3 vol. in-8. v. f. d. f. tr.

P. Terentii Afri Comœdiæ sex, curante Henrico Westerhov. Hag. Comitum, 1726, 2 vol. in-4. v. fig.

T. Lucretius Carus Van Het Heelat. Amst. 1701, in-8. v. bt.

Lucrece, trad. nouvelle, par M. Desgranges. Par. 1768, 2 vol. in-8. m. r. fig. gr. pap.

L'Anti-Lucrece, Poëme, par M. de Bougainville. Par. 2 tom. en 1 vol. in-8. v. marb. d. f. tr. gr. pap.

Anti Lucretius sive de Deo & Natura, Auctore de Polignac. Par. 1747, in-8. mar. gr. pap.

Anti-Lucretius sive de Deo & Natura, Auctore de Polignac, Par. 1747, in-8.

T. Lucretii Cari de rerum natura Libri sex cum notis Variorum, curante Sigebert Auvercampo. Lugd. Bat. 1725, 3 vol. in-4. v. f. fig. gr. pap. rare.

Catullus, Tibullus, Propertius. Lutet. Parif. 1723, in-4. v.

Catullus, Tibullus & Propertius, cum fragmentis Cornelii Gallis. Lutet. Parif. 1753, in-12. v. m. d. f. t. fil. f.pl. fig.

Trad. en Prose de Catulle, Tibulle & Gallus. Par. 1771, 2 vol. veau f. d. fur tr.

Publii Virgilii Maronis Bucolica, Georgica & Æneis. Birminghamiæ, Typis Joann. Backerville, 1757, in-4. v. edit. origin.

P. Virgilii opera, cum notis Variorum. Lugd. Bat. 1680, 6 vol. in-8. m. r. fig.

P. Virgilii Maronis opera. Edinb. 1755, 2 vol. in-8. v. éc. d. f. tr.

L'Enéide

L'Enéide de Virgile, peinte dans la galerie du Palais-royal, par Antoine Coypel, grav. par MM. Duchange, Tardieu Surugue, Bauvais, Desplaces & Thomaffin, Par. 1753, in-fol. form. atlas, cart.

Les Géorgiques de Virgile, trad. en Vers françois, par M. l'Abbé Delifle, Par. 1770, in-8. m. r. gr. pap. fig.

Les Œuvres de Virgile, trad. par M. l'Abbé Desfontaines, Par, 1743, 4 vol. in-8. fig. mar.

Le Virgile travefti, de Scarron, Par. 1752, 3 vol. in-12. v. j. d. f. tr.

Q. Horatii Flacci Poemata, à Joanne Bond. Aurelianis, 1767, in-8. v. éc. d. f. tr. fil. f. pl.

Q. Horatii Flacci opera, curante Valart. Parif. 1770, in-8. v.

Horatii Flacci Eclogæ cum Scholiis antiquorum Grammaticorum, & Recenfione Baxter. Lipfiæ, 1752, in-8. veau f. dent.

Les Métamorphofes d'Ovide, trad. en françois, avec des Remarques de M. l'Abbé Banier, Amft. 1732, 3 vol. in-12. v. fig.

Métamorphofes d'Ovide en Rondeaux, imprimés & enrichis de fig. par ordre de Sa Majefté & dédiée à M. le Dauphin. Par. 1676, in-4. m. r. fig.

Antonius de Arena Provencalis de Bragardiffima Villa de Soleriis Stempatus, 1670, in-12. v. édit. rar. *V.* la Bib. de M. Debure, No. 2956.

Les Œuvres galantes & amoureufes d'Ovide, contenant l'Art d'aimer & le Remede d'amour, Par. 1771, in-12. pp. m. r.

L'Ovide Bouffon, ou les Métamorphofes travefties en Vers burlefq. Par. 1662, in-12. v. br.

Phædri Augufti Liberti Fabulorum Æfopiarum libri qninque, cum Commentario Petri Burmanni. Leid. 1727, in-4. v. gr. pap.

Phrædri Augufti Cæfaris Liberti Fabularum Æfopiarum libri quinque, cum notis Petri Danet. Parif. 1675, in-4. gr. pap.

Phædri Fabulæ, cum notis Variorum, curante Petro Burmanno. Hagæ-Comitum, 1718, 2 vol. in-8. m. r.

Phædri Augufti Cæfaris Liberti Fabularum Æfopiarum libri quinque, cum notis aliorum, à Johanne Laurentio. Amft. 1667, in-8. v. marb. fil. f. pl. fig.

Phædri Augufti Liberti Fabularum Æfopiarum libri quinque, cum Commentar. variorum, curante Petro Burm. Hagæ-Comitum, 1718, in-8. vel. fig.

Fables d'Efope, avec celles de Philelphe. Par. 1763, 2 vol. in-12. v. marb. d. f. tr. fig.

Annæi Senecæ Tragædiæ, cum notis Variorum, curante Joh. Cafparo Schrodero. Delphis, 1728, in-4. v.

L. Annæi Senecæ Tragediæ, ex recenfione Gronovii variorumq. notis. Amft. 1662, in-8. v.

Annæi Senecæ & Syri Mimi fingulares fententiæ, ftudio Joannis Gruteri, cum verfione Scaligeri. Lugd. Bat. 1727, in-8. v. f. fil. f. pl.

Annæi Senecæ opera quæ extant, cum Commentar. variorum. Amft. 1673, 3 vol. in-8. v.

Annæi Lucani Pharfalia, cum Comment. Petri Burmanni. Leid. 1740, in-4. v. éc. fil.

La Pharfale de Lucain, Leyde. Elz. 1658, in-12. m. r.

Georgii Montagu novam hanc |Lucani editionem notis atque emendationibus ævi fui Benrlei elucidatam omni cultu ac veneratione dat dicat dedicat Richardus Cumberland, 1 vol. in-4. gr. pap. éc. fil. f. p'.

Valerius Maximus cum felectis Variorum obfervationibus & nova Recenfione A. Thyfii. Lugd. Bat. 1660, in-8. vel.

M. Valerii Martialis Epigrammata, cum notis Farnabii & Variorum, accurante Schrevelio. Lugd. Batav. 1670, in-8. veau.

Les Poéfies de Martial de Paris, dit d'Auvergne, Paris, 1714, 2 vol. in-12. v. marb. d. f. tr.

Junii Juvenalis & Auli Perfii Flacci Satiræ cum Variorum Comment. curante Cornelio Schrevelio. Lugd. Bat. ex Officinâ Hackiana, 1671, in-8. vel.

Claudii Claudiani opera quæ extant omnia cum notis Variorum, curante Petro Burmanno, Amft. 1760, in-4. v. éc. fil. f. pl.

Magni Aufonii Burdigalenfis opera, cum notis Juliani Floridi. Parif. 1730, in-4. v. j. d. f. tr. gr. pap.

Tryphiodori Ægypti Grammatici excidium Trojæ, gr. & lat. cum interpretatione Italica Salvini & adnotationibus Bandinii. Florent. 1765, in-8. v. éc. fil. f. pl.

Les Nuits attiques d'Aulugelle, Par. 1776, 2 vol. in-12. m. r.

Ovenii Epigrammata, Lugd. Bat. 1681, in-24. m. r.

C. Valerii Flacci Setini Balbi Argonauti, libri octo, cum notis Variorum, curante Petro Burmanno. Leid. 1724, in-4. v.

Recentiores Poetæ lat. & gr. Selecti quinq. curis Jofephi Oliveti. Lugd. Bat. 1743, in-8. v. gr. marb.

Poetæ lat. Rei Venaticæ Scriptores & Bucolici antiqui, cum notis Varior. Lugd. Bat. 1718, in-4. v.

Parthenias clariffimi & infignis viri Francifci Petrarchæ Romæ, nuper laureati Bucolicum Carmen in duodecim Æglogas diftinctum. Ejufd. Petrachi funt plures tractatus in eod. Volum. in-4. cart.

Collectio Pifaurenfis omnium Poematum Carminum fragmentorum latinor. &c. Pifauri, 1766, 6 vol. in-4. v. f. fil.

Poéfies Italiennes.

La Gierufalemme liberata di Torquato Taffo con le figure di Giam-Batifta Piazzetta. In Venez. 1745, in-fol. gr. pap. v. fil.

La Gierufalemme liberata di Torquato Taffo con le fig. di Bernardo Caftelli è le annotationi di Spicio Gentili & di Giulio Guaftarini. In Lond. 1724, 2 vol. in-4. v. éc. fil. f. pl. gr. pap.

Jerufalem délivrée, Poëme du Taffe, trad. nouv. Par. 1774, 2 vol. in-8. mar. fig. gr. pap.

Pafteur Fidele, trad. de l'Italien, de Guarini. Par. 1759, 2 vol. in-12. v. éc. d. f. tr.

Le Décameron de Jean Bocace. Lond. 1767, 5 vol. in-8. mar. d. f. tr.

Il Decameron di Boccacio rratto dall. Ottino tefto fcritto da Francifco Damaretto Mannelli Sull. originale dell'auctore. 1761, in-4. éc. fil. f. pl.

Poéfie Tofcane, del Signor Abate Regnier Defmarais. in Parigi, anno 1708, 2 vol. in-12. v.

Delle Satyre è Rimè del divino Ludovico Ariofto libri duo, con le Annotazioni di Paolo Rolli. Hamburgo, 1731, in-8. v. gr. marb.

Poéfies Françoifes Dramatiques.

Œuvres de Clément Marot. à la Haye, 1731, 4 vol. in-4. v. f. gr. pàp.

Les Œuvres de Clément Marot. à la Haye, Moetjens, 1700, 2 vol. in-12. m. r.

Théâtre de Pierre Corneille. 1764, 12 vol. in-8. m. r.

Les Œuvres de Moliere, avec les notes de M. le Bret. Par. 1773, 6 vol. in-8. m. r.

— Idem, 8 vol. in-12. v.

Les Œuvres de Nivelle de la Chauffée. Par. 1762, 5 vol. in-12. v. j. d. f. tr.

Les Œuvres de Crébillon fils. 3 vol. in-12. v. br. d. f. tr.

Le Théâtre de Favart. Par. 1763, 10 tom. en 5 vol. in-8. v. j. d. f. tr.

Les Œuvres de Jean Racine. Par. 1768, avec le Commentaire de M. Luneau de Bois-Germain. 7 vol. in-8. m. r.

— Idem. v. éc. d. f. tr.

Les deux Reines, Drame heroïque en 5 Actes & en Profe. Par. 1770, in-8. v. br. d. f. tr.

La mort d'Adam, Tragédie. 1762, in-12. v. marb. d. f. tr.

Les Œuvres dramatiques de M. le Mercier. Par. 1769, 2 vol. in-8. v. de l. d. f. tr. gr. pap.

Chefs-d'Œuvre dramatiques, ou Recueil des meilleurs pieces du Théâtre françois, par M. Marmontel. Par. 1773, in-4. m. r. gr. pap.

Le Paradis perdu, Poëme, trad. de l'anglois, de Milton, en Vers françois, par l'Abbé le Roi. Rouen, 1775, in-8. m. r.

Dictionn. dramatique. Par. 1776, 3 vol. in 8. v. f. d. f. tr.

Bibliotheque poétique, ou Nouveau choi des plus belles pieces de Vers en tous genres, depuis Marot jufqu'à nos jours. Par. 1745, 4 vol. in-4. m. r. gr. p.

Les Œuvres de M. Palliffot. Liege, 1777, 6 vol. in-8. éc. d. f. tr.

Le Décameron françois, par Duffieux. Par. 1774, 2 vol. in-8. v. j. d. f. tr. gr. pap.

Poéfies diverfes.

Les Œuvres de Boileau, données avec les Commentaires de S. Marc. Holl. 1772, 5 vol. in-8. m. r.

— Idem. édit. de Par. 1747, 5 vol. in-8. v.

Satyres & autres Œuvres de Regnier. Lond. 1733, in-fol. v. éc. d. f. tr. fig.

— Idem. in-4. gr. pap. éc. d. f. tr.

Œuvres de Nicolas Boileau Defpréaux, avec des éclairciffemens hiftoriques, donnés par lui-même, avec les fig. de Bernard Picart le Romain. à la Haye, 1711, 4 vol. in-12. m. r.

— Idem. Amft. 1729, 2 vol. in-fol. v. éc. d. f. tr. belles épreuves.

Poéfies paftorales de Léonard. Par. 1771, 3 vol. in-8. v. éc. d. f. tr. gr. pap.

Les Idilles de Berquin. 2 tom. 1 vol. in-8. m. r.

Les Romances du même. in-8. v. d. f. tr.

Les Œuvres de Geffner. 1768, 2 vol. in-12. v. éc. d. f. tr.

Les mêmes, 1764, in-12. v. j. d. f. tr.

Les Œuvres poétiques de Melin de Saint-Gelais. Lyon, 1574, in-8. v. f. d. fur tr.

Poéfies diverfes, ou Œuvres du Philofophe Sans-Souci. à Pozdam, 1760, 2 vol. in-12. marb. d. f. tr. fig.

Les Œuvres badines & morales. Par. 1776, 2 vol. in-8. v. j. d. f. tr.

Les Œuvres de Mde. du Boccage. Lyon, 1770, 5 vol. in-8. v. j. d. f. tr.

Mélanges de Poéfies fugitives & de Profe fans conféquence. Par. 1776, in-8. m. r. gr. pap.

Œuvres diverfes du S. D**. avec un Recueil de Poéfies choifies. Amft. 1714, 2 vol. in-12. rel. augm. de Rome, de Paris & Madrid, ridicules.

Poéſies divers de M. Coquart. Par. 1754, 2 vol. in-12. v. f. d. f. tr.

Les Œuvres diverſes de Pavillon. Par. 1750, 2 vol. in-12. v. j. d. f. tr.

Les deux Regnes, Poëme en 6 Chants. — Lettre de M. Terray, à M. Turgot. Lond. 1775, — Mémoire ſur les abus du Célibat. Amſt. 1765, in-12. v. j.

Commentaire en Vers françois ſur l'école de Salerne, 1671, in-12. v. br. d. f. tr.

Le Roman comique de Scarron. Par. 1752, 3 vol. in-12. v. j. d. f. tr.

Les Graces. Par. 1769, in-8. v. marb. d. f. tr. gr. pap.

L'Agriculture, Poëme. Par. 1774, in-4. m. r.

Poéſies de M. l'Abbé Lattagnan. Paris, 1758, 4 vol. in-12. v. marb. d. f. tr.

Elite de Poéſies fugitives. Lond. 1769, 5 vol. in-12. v. marb. d. f. tr.

Les quatre parties du jour, Poëme, trad. de l'Allemand, de M. Zachari. Paris, 1769, in-8. éc. d. f. tr.

Les Baiſers précédés du mois de Mai, par Dorat. Par. 1770, in-8. m. cit. gr. p.

Le Temple de Gnide, mis en Vers, par M. Colardeau. in-8. v. gr. marb. d. f. tr. gr. pap.

Le Temple de Gnide, dont le Diſcours eſt buriné avec des grav. Par. 1771, in-4. m. r. très-gr. pap.

Les Poéſies de Mde. Deshouliere. Paris, 1754, 2 vol. in-12. v. j. d. f. tr.

La Religion, Poëme, par Racine, avec celui de la Grace. Paris, 1742, in-8. m.

La Luiſiade de Camoens, Poëme hiſtorique, par M. Duperron de Caſtera. Par. 1735, 3 vol. in-12. v. j. d. f. tr.

L'Eleve de Minerve, Poëme, Par. 1765, 3 vol. in-12. v. marb. d. f. tr.

Etrennes du Parnaſſe. Par. 1770, 11 vol. in-12. v. br. d. f. tr.

Les Jardins, Poëme, par M. Gazon Dorxigné. Par. 1773, in-12. éc. d. f. tr.

Les Sens, Poëme en 6 Chants. Lond. 1766, in-8. v. br. d. f. tr. fig.

L'Hymne au Soleil. Paris, 1777, in 12. m. bl.

Chriſtophe Colomb, ou l'Amérique découverte, par Bourgeois. 1773, in-8. v. br. d. f. tr.

Les 4 Poétiques d'Ariſtote, d'Horace, de Vida & de Deſpreaux, par M. le Batteux. Par. 1771, 2 vol. in-8. pap. d'Holl. gr. pap.

Poéſies Paſtorales & Mythologie.

Les Amours de Daphnis & Ch'oé. 1745, in-4. m. r. fig. enlum. lav. & rég. & enc.

Miſys & Glaucé, Poëme en 3 Chants, trad. du Grec. Gen. 1748, in-12. v. br. d. f. tr.

Les Amours de Théagene & Cariclée. Par. Coutelier, 2 tom. 1 vol. in-12. m. r. fig.

Du Culte des Dieux fétiches, ou Parallele de l'ancienne Religion d'Egypte, avec la Religion actuelle de Nigritie, 1760, in-8. v. br. d. f. tr.

Le Temple des Muſes, orné de 60 tableaux Amſt. 1733. in-fol. m. r. gr. pap.

Almanach des Muſes, depuis 1765, juſques & compris 1776, 6 vol. in-12. m. r.

Les Années. 1777, 1778 & 1779, br.

Fables.

Fabulæ ſelectæ Fontanii, è gallico in lat. ſermonem converſæ, auctore Giraud. Rothom. 1775, 2 vol. in-8. v. porph. d. f. tr.

Fables de la Fontaine, avec les fig. de Feſſard. Par. 1765, 6 vol. in-8. m. r.

Fables choiſies, miſes en Vers, par J. de la Fontaine; avec les fig. d'Oudry, Par. 1755. 5 vol. in-8. v. éc. d. f. tr. fig.

Contes & Nouvelles en Vers, de M. de la Fontaine, avec les fig. de Romain de Hooge. Amſt. 1685, 2 tom. en 1 vol. in 8. m. r.

Fables nouvelles de M. l'Abbé Aubert. Par. 1764, avec le Pſiché, du même, 2 vol. in-12. en 1, v. marb. d. f. tr.

Fables nouvelles, dédiées au Roi, par M. de la Motte. Par. 1719, in-4. v. fig.

Fables nouvelles, par M. Dorat. Par. 1763, 2 vol. in-8. v. f. d. f. tr. gr. pap. d'Holl. — Idem. 2 vol. in-8. br.

Fables & Contes, avec un Diſcours ſur la littérature Allemande, Par. in-12. v. marb. d. f. tr.

La derniere Guerre des Bêtes. Fable pour ſervir d'Hiſtoire au dix-huitieme Siecle. Lond. 1758, par l'Auteur d'Aubaſaïe; in 12, gr. marb. d. f. tr.

Facéties, Plaiſanteries & Hiſtoires comiques.

Dictionn. d'Anecdotes de traits ſinguliers & caractériſtiques, Hiſtoriettes, Bons mots, Naïvetés & Saillies. Par. 1767, in-8. v. marb. d. f. tr.

Lucien en bel humeur. Amſt. 1774, 2 vol. in-12. v. f. d. f. tr.

Lucien en bel humeur; ou Nouveaux entretiens des morts. Amſt. 1691, in-12, v. f. d. f. tr. fil. bord & bord. fig. de Romain de Hooge.

La plaiſante & joyeuſe hiſtoire du grand Géant Gargantuas, prochainement revüe & augm. par l'Auteur même. Valence 1547, in-12 m. r. fig. en bois

Commentatio de Perfonis vulgo Larris feu Malcheris Critlico Hiftorico Morali atque juridico modo diligenter confcripta, à Chriftophoro de Berger. Francof. apud Knochium, in-4. v. fig.

L'Art de défopiler la Rate. Ven. 1753, 2 tom. en 1 in 12, m. r.

Les Prophéties de Michel Noftradamus, revues & corrigées fur la copie imp. à Lyon; par Benoît Rigaud, en l'an 1563, in-12. v. br. d. f. tr.

Contes & Romans.

Les Aventures de Télémaque, fils d'Uliffe, par M. de la Mothe Fénélon. Amft. & Rot. 1734, 1 vol. in-4. m. r. fig. de Bernard Picart, belles épr.

Les cent Nouvelles nouvelles. Col. 1701, 2 vol. in-8. p. p. m. r.

Contes orientaux, tirés des manufc. de la Bibliotheque des Rois de France. à la Haye, 1743, in 12. gr. m. d. fur tr.

Les cent Nouvelles nouvelles, par Mde. de Gomez. La Haye, 1761, 20 vol. in-12. p. p. v. marb. d. f. tr.

Les nouvelles d'Antoine-François Grazzini, dit le Lafca. Berl. 1776, 2 tom. en 1 vol. in 12, v. j. d. f. tr.

Nouveaux Contes Moraux, pas Mde. Prince de Beaumont. Lyon, 1776, 2 tom. en 1 vol. v. j. d. f. tr.

Contes & Nouvelles de Boccace Florentin, trad. libre avec les fig. de Romain de Hooge. Amft. 1697, 2 vol. in-8. m. r.

Les cent Nouvelles nouvelles, contenant les cent Hiftoires nouveaux qui font moult plaifantes à racconter en toutes Compagnies, avec les fig. de Romain de Hooge. Col. 1701, 2 vol. in-8. m. v.

Les Variétés plaifantes, ou le Monde au naturel, contenant le portrait de l'Auteur. Entretiens de la Fille à marier, le Financier, la Fauffe dévote, la Coquète, le Plaideur, le Colin Mayard, ou le Jeu d'amour, &c. & autres pieces, in-12. v. f. d. f. tr.

Les Œuvres de Rabelais. 1663, 2. vol. in-12. m. r.

Œuvres de Me. François Rabelais, avec des Remarques hiftoriques & critiques de M. Duchat, nouv. édit. ornée des fig. de Bernard Picart. Amft. 1741, 3 vol. v. f. d. f. tr.

Œuvres de Mtre François Rabelais. Amft. 1711. 5 vol. in-12 v.

Les Œuvres de M. François Rabelais. Lyon, 1574, in-18. v. f.

Les facétieufes nuits de Straparole. 1726, 2 vol. in-12. d. f. tr.

Bibliothéque des Génies & des Fées. Par. 1765, 2 tom. en 1 v, in-12, v. j. d. f. tr.

Contes philofophiques, par M. le Merciet. Par. 1768, 2 part. en 1 vol. in 12. v. j. d. f. tr.

Contes, Aventures & faits finguliers, recueillis par M. l'Abbé Prévôt. Par. 1764, 2 vol. in-12. v. j. d. f. tr.

Les Solitaires en bel humeur, Entretiens recueillis des papiers de feu M. le M. de ***. Utrecht. 1741, 3 vol. in 12. v. br. d. f. tr. fig.

Les Contes des Génies, ou les charmantes leçons d'Oram, fils d'Afmar, Ouvrage trad. du Perfan en anglois. Amft. 1766, 3 vol. in-12. v. marb. d. f. tr. fig.

Les Etrennes de la faint Jean, dans le même vol. les Ecofleufes ou les Œufs de Pâque. Troyes, 1757, in-12. v. de l. d. f. tr.

La double beauté, Roman étranger, avec la Mufique, 1754, in-12. v.

Voyages de Paris à S. Cloud, par mer, & retour de S. Cloud à Paris par terre. Par. 1762, in-12. v. marb. d. f. tr.

L'Heureux Efclave, nouvelle, orné de fig. en taille-d. La Haye, 1708, in-12. v. br. d. f. tr.

L'Ambigu d'Auteuil, ou Variétés hiftoriques, compofé du Joueur, &c. Par. 1709, in-12. v. br. d. f. tr.

L'Hiftoire comique de Francion, par Nicolas Moulinet. Leyde, 1711, 2 vol. in-12. v. br. d. f. tr.

Le Bachelier de Salamanque, ou les Mémoires de Chérubin de la Ronda, trad. par M. le Sage, 1738, 2 vol. in-12. v. br. d. f. tr.

Philofophie d'Amour, de M. Léon Hébreu. Lyon, 1559, in-12. v. f. fil.

Vida y Hechos del ingeniofo hidalgo Don Quixote de la Mancha, compuefta por Miguel de Cervantes, Saavedra. en Lond. 1738, 4 vol. in-4. gr. marb. fil. fig. gr. pap.

Les Bains de Diane, ou le Triomphe de l'Amour, Poëme. Par. 1770. — Les Soupirs du Cloître. — Epître à l'Amitié. — Lettre de la Ducheffe de la Valliere. — Le Temple de Gnide, de Colardeau, in-8. v. gr. pap.

Alphabet de l'imperfection & malice des Femmes, par Jacques Olivier. Rouen, 1683, in-12. vel.

Les Agrémens & Chagrins du mariage, Nouvelle galante, dédiée aux Dames. Par. 1692, 3 tom. en 1 vol. in-12. m.

Les Œuvres de Vadé, ou Recueil des Opera-Comiques. Par. 1758, 4 tom. in-8. v. m. d. f. tr. fil.

Les Œuvres de Mde. de Riccoboni. Neufchat. 1773, 6 tom. rel. en 4 vol. in-8. v. j. d. f. tr.

Le Miroir d'or, ou les Rois du Chechian, trad. de l'Allemand, par M. Vielard, Par. 1774, in-8. v. j. d. f. tr.

Timandre inſtruit par ſon Génie , trad. du Grec. Par. 1702, in-12. v. f.

La nouvelle Clarice , Hiſtoire véritable , par Mde. Prince de Beaumont. Lyon , 1775 , 2 tom. en 1. v. j. d. ſ. tr.

L'Iſle de France, ou Nouvelles Colonies de Vénus. Amſt. 1753, dans le même vol. les Filles Femmes & Femmes Filles, ou les Monde changé, les quinze minutes, ou le Temps bien employé, Contes d'un quart-d'heure, in-12. veau |marb. d. ſur tr.

Le Palais du ſilence, Conte philoſophique , Amſt. 1754, 2. vol. in-12. v. m. d. ſ. tr.

Daria , Hiſtoire orientale, Par. 1761 , 4 part. en 1 in-12. v. f. d. ſ. tr.

L'Education du Marquis de * *. ou Mémoires de la Comteſſe de Qurlac, par Mde. de P***. Par. 1753 , 2 tom. 1 vol. in-12. per. pap. tr. r.

Les journées amuſantes de Mde. de Gomez , Amſt. 1731, 5 vol. in-12. v. br. d. ſ. tr. manque les 6, 7 & 8.

Les Lettres d'une Péruvienne, nouvelle édit. Par. 1761, 2 vol. in-12. fig. v. m. d. ſ. tr.

L'Ecole de l'Amitié. Amſt. 1757 , 2 part. 1 vol. in-12. v. j. d. ſ. tr.

La ſource d'honneur pour maintenir la corporelle élégance des Dames, en vigueur fleuriſſante & prix ineſtimable, avec une belle Epître d'une noble Dame à ſon Seigneur & ami nouvellement, 1531, in-11. v. éc.

Les Mœurs de Paris, par la Peyre. Amſt. 1747 , in-12. v. br. d. ſ. tr.

Aventures galantes de M. le Noble, l'Avare généreux, le Mort marié, le faux Rapt. Paris, 1706 , in-12. v. br. d. ſ. tr.

Les trois Voluptés, 1746, in-12. v. f.

Académie galante, contenant diverſes Hiſtoires fort curieuſes, Amſt. 1752 , 2 part. en 1 vol. in-12.

L'Héroïſte Mouſquétaire, ou l'Hiſtoire véritable de la Demoiſelle Chriſtine de Meyrac , enrichie de fig. en taille-d. Amſt. 1702, in-12. v. marb. d. ſ. tr. fig.

La Vie & Aventures de Zizime, fils de Mahomet II , enrichie de fig. en taille-d. Par. 1724, v. br. d. ſ. tr.

Les Cauſes amuſantes & communes. Berl. 1769 , 2 vol. in-12. gr. marb. d. ſ. tr.

Pieces & Anecdotes intéreſſantes ; ſavoir, les Harangues des habitans de Sarcelle, un Dialogue des bourgeois de Paris, le Philotanus & le Porte-feuille du Diable, à Aix en Provence, aux depens des Jéſuires, l'an de leur regne 210, in-12. v.

Les Amuſemens des eaux de Schwalbach,

des bains de Wisbaden & Schlangnbad, avec des Relations curieuſes, l'une de la nouvelle Jeruſalem, & l'autre d'un partie de la Tartarie. Liege, 1739, in-12. v. br. d. ſ. tr.

Les Amuſemens des eaux de Baad en Suiſſe, Schintznach & de Peffers. Lond. 1739, in-12. v. br. d. ſ. tr.

Diſcours du ſonge de Poliphile, Par. 1561, in fol. fig. vel.

Les Mémoires pour ſervir à l'Hiſtoire de la Calotte, imprimés aux Etats de la Calotte, 2 vol. in-12. v. porph. d. ſ. tr.

Cléopatre. Par. 1663 , 12 vol. v. br. tr. r.

Bérenis, dédié à Mde la Comteſſe de Fieſque. Par. 1648, 2 vol. in 8. fig. v.

Abdeker, ou l'Art de conſerver la ſanté, la beauté. 1668, 4 tom. 2 vol. in-12. v. marb. d. ſ. tr.

L'Aſtrée de Durfé. Par. 1647, 10 vol. in-8. v. br. d. ſ. tr.

Artamene ou le Grand Cyrus, par M. Scudery. Par. 1663 , 10 vol. in-8 fig. v. j. d. ſ. tr.

Almaïde, ou l'Eſclave Reine, par M. Scudery. Par. 1660 , 8 vol. in-8. fig. v. j.

Poliandre, Hiſtoire comique. Par. 1648, in-8. v.

Pharamond, ou Hiſtoire de France, ſuiv. la copie impr. en 1664, 12 vol. in-12. v. br. d. ſ. tr.

Tariis & Zelie, nouv. édit. Par. 1774, 6 tom. en 3 vol. in-8. gr. p. v. br. d. ſ. tr.

L'Anti-Roman, par M. de la Lande, 4 vol. in-8. fig. d. ſ. tr. v. j.

L'Ariane de M. Deſmareſt. Leyde, 1644, 2 vol. in-18. fig. v. f. d. ſ. tr.

Controverſe du Sexe maſculin & féminin, par François Chevalier, natif de Bordeaux. Par. 1541, in 8. goth. avec fig. en bois m. r. rar.

Nouvelles exemplaires de Michel de Cervante, par M. l'Abbé de S. Martin de Chaſſondville. Lauſ. 1744, 2 vol. in-12. fig. belles épr. m. r.

Le Déſeſpéré, Hiſtoire Heroïque, trad. de l'italien. Par. 1732 , 2 part. en 1 vol. in-12. fig. v. j. d. ſ. tr.

Hiſtoire de Dom Renucio d'Aletes, écrite par lui-même, 2 tom. en 1 vol. in-12. v. m. d. ſ. tr.

Mémoires de Mde la Baronne de Batteville, ou la Veuve parfaite, par Mde le Prince de Beaumont. Lyon, 1766, in-12. v. j. d. ſ. tr.

La Nouvelle Lune, ou l'Hiſtoire de Poetilion. Par. 1770, 2 part. en 1 vol. in-12. v. m. d. ſ. tr.

Les Egaremens réparés de l'Hiſtoire de Miſſ Louiſe Milmay, trad. par Mlle de Malice de Morville. Par. 1773 , in-12. v. j. d. ſ. tr.

Mémoires Turcs ; 2 parr. en 1 vol. in-12.
fig. v. j. d. f. tr.

Hiftoire de la Dragone, contenant les
actions militaires, & les Aventures de
Geneviéve Prémoy, fous le nom du
Chevalier Balthazar. Par. 1703, in-12.
br.

Haukiou Choaan, Hiftoire chinoife, trad.
de l'anglois. Lyon, 1766, 2 tom. en 1
vol. in-12. j. d. f. tr.

Les Aventures de Pirrhus, fils d'Achille,
pour fervir de fuite aux Aventures de
Télémaque. Amft. 1771, in-12. veau
marb.

Hiftoire de Stainville de Gonzales, fur-
nommé le Garçon de bon humeur, par
M. le Sage. Par. 1757, 4 parr. rel. en
2 vol. in-12. v. marb. d. f. tr.

Hiftoire Négrépontique, contenant la Vie
& les Amours d'Alexandre Caftrio &
d'Olimpe, la belle Grecque, par Bau-
douin. Amft. Par. 1731. in-12. v. marb.
d. f. tr.

Les familles de Darius d'Hydarne, ou
Statira & Métrice, Hiftoire Perfanne.
Par. 1772, 2 tom. en 1 in-12. d.
f. tr.

Hiftoire de l'admirable Dom Quichotte de
la Manche. Amft. Mottier, 1696, 5 vol.
in-12. fig. belles épr. m.

Hiftoire de Dom Inigo de Guipufcoa,
Chevalier de la Vierge, augmentée de
l'Anti-coton. La Haye, 1757, 2 vol.
in-12. fig. v. marb. d. f. tr.

Les Aventures merveilleufes de Dom Sylvio
de Rofalva. Dresd. 1769, 2 vol. in-8.
v. m. d. f. tr.

Agathe & Yfidore, par Me Benoît. Par.
1768, 2 tom. en 1 vol. in-12.

Mourat & Turquia, Hiftoire Africaine.
Lond. 1752, in-12. v. marb. d. f. tr.

Hiftoire de Mifs Honora, ou le Vice dupe
de lui-même. Par. 1756, 2 vol. in-12.
v. j. d. f. tr.

Boca, ou la Vertu récompenfée, par Mde
Huffon. Par. 1756, dans le même vol.
Hiftoire de la Félicité, 1751, in-12.
v. marb. d. f. tr.

Soliman, ou les Aventures de Macmet,
Hiftoire Turc. 2 tom. en 1 vol. in-12.
v. marb. d. f. tr.

Zeczecel, Anecdote indoftane. La Haye,
1751, 2 tom. 1 vol. in-12. v. marb. d.
f. tr.

Le Gage touché, Hiftoire galante & comique. Amft. 1751, 2 tom. 1 vol. in-12.
gr. marb. d. f. tr.

Le petit Toutou, par Me Bibiena. Amft.
Par. 1746, 2 tom. 1 vol. in-12.

Aventures de Dom Ramyre de Roxace,
& de Dona Léonor de Mendoce. Par.
1737, 2 tom. 1 vol. in-12. v. marb. d.
f. tr.

Naufrage des Ifles flottantes, ou Bafiliades

du célebre Pippay. Meffine, 1753, 2 vol.
in-12. fig. v. marb. d. f. tr.

Hiftoire d'Agathe de S. Bonner. Paris,
1769, 2 tom. 1 vol. in-12. v. marb.

Dona Gracia d'Attaïde, Comteffe de Mé-
neffé, Hiftoire Portugaife dans le même
vol. Philofophe Allemand, les trois
Ages de l'amour, ou Porte-feuille d'un
petit Maître. Par. 1769 & 1770. v. br.
d. f. tr.

L'Education de l'amour, par l'Auteur des
Mémoires de M. de Solanges. Paris,
1770, 2 parr. en 1 vol. in-12. m. r.

L'Elu & fon Préfident, ou l'Hiftoire d'E-
rafte & de Sophie. Par. 1769, 2 parr.
1 vol. in-12. v. m. d. f. tr.

Feraddin & Rozeïde, Conte politique &
militaire. 1765, 3 parr. en 1 vol. in-12.
v. éc. d. f. tr.

Bedzei, ou les Bifareries du deftin. Par.
1769, 2 parr. en 1 vol. in-12. v. marb.
d. f. tr.

Le Berceau de la France. La Haye, Par.
1744, 2 parr. en 1 vol. in-12. v. marb.
d. f. tr.

Pamela, ou la Vertu récompenfée. Lond.
1743, 4 vol. in-12. v. marb. d. f. tr.

Hiftoire de Mifs Clariffe. Lond. 1751, 13
tom. 6 vol. in-12. fig. v. f. d. f. tr.

Le Doyen de Killerine. Lille, 1771, 6
parr. en 3 vol. in-12. v. br. d. f. tr.

Hiftoire de Tome-Jones, ou l'Enfant
trouvé, trad. par M. de la Place. Par.
1751, 4 vol. in-12. fig. de Gravelot,
v. j. d. f. tr.

Henriette, trad. de l'anglois. Par. 1760,
2 vol. in 12. v. marb. d. f. tr.

Lettres de Milady Wolpley Montagu,
écrites pendant fes Voyages en Europe,
en Afie & en Amérique, 2 tom. en
1 vol in-12. éc. d. f. tr.

Les Mœurs du jour, ou l'Hiftoire de
William Harrington. Amft. 1772, 4 p.
2 vol. in-8. v. j. d. f. tr.

Nouriahade, Hiftoire orientale, trad. de
l'anglois. Par. 1769, in-12, dans le
même Vol. les Femmes militaires, Relation hiftorique d'une Ifle nouvellem.
découverte, 1750, 2 vol. in-12. en 1.
éc. d. f. tr.

Lettres d'une Dame angloife & de fon
amie à Paris, contenant les Mémoires
de Mde de Villiam. Lond. 1771, Lond.
2 tom. en 1 vol. in-8. marb. d. f. tr.

La Campagne, Roman, trad. de l'anglois,
par M. de Puifieux. Par. 1767, 2 tom.
en 1 vol. in-12. marb. d. f. tr.

Les Hommes volans, ou les Aventures de
Pierre Vilquain, trad. de l'anglois. Par.
1763, 3 vol. in-12. fig. v. j. d. f. tr.

La Spectatrice, ouvrage trad. de l'anglois.
à la Haye, 1750, 4 vol. in-12. m. r.

L'Orpheline angloife, ou l'Hiftoire de
Charlotte Summers, imité de l'anglois,

par M. de la Place. Par. 1752, 4 vol. in-12. fig. v. marb. d. f. tr.

Lydia, ou Mémoires de Mylord de**. trad. de l'anglois, par M. de la Place. Lond. 1771, 4 part. 2 vol. in-12. v. j. d. f. tr.

Mémoire de Miss Ridulphe. Amft. 1762, 3 vol. in-12. v. marb. d. f. tr.

Ozian, Poéfie Gallique, par M. le Tourneux. Paris, 1767, 2 tom. 1 vol. in-8. v. j. d. f. tr.

Les Orphelins, Conte morale & autres pieces. Par. 1767, in 8. v. f. d. f. tr.

Les Vœux des Crétois, par M. Xanferligote. 1776, in-8. v. de l. d. f. tr.

Aihcrappih, Hiftoire Grecque, 1748, dans le même vol. Dona Urraca, Reine de Caftille & de Léon. La Haye, 1750, in-12. v. f. d. f. tr.

Les Nouvelles françoifes, ou les Divertiffemens de la Princeffe Aurelia, par M. de Ségrais, avec fig. en taille-douc. Par. 1722, 4 tom. 2 vol. in-12. v. j. d. f. tr.

La Parifiade, ou Paris dans les Gaules, 2 tom. 1 vol. in-8. gr. marb. d. f. tr.

Les Tableaux, fuivis de l'Hiftoire de Mlle de Sienne & du Comte de Marfy. Par. 1771, in-8. v. éc. d. f. tr.

Les nuits d'Yung. Par. 1770, 4 vol. in-8. éc. d. f. tr.

Les Méditations fur les tombeaux d'Hervey, trad. de l'anglois. Par. 1771, in-8. v. f. d. f. tr.

Les Arrêts d'amour, avec l'Amant rendu Cordelier à l'Obfervance d'amour, par Martial d'Auvergne, dit Paris. Par. 1731, 2 vol. in-12. v. br. d. f. tr.

Amufement de la Raifon. Par. 1752, 2 tom. en 1 vol. in 8. fig. m. r.

Hiftoire des Favorites. Amft. 1708, in-12. v. de l. d. f. tr.

L'amitié après la Mort, par Me Rouve. Amft. 1740, 2 tom. 1 vol. in-12. éc. d. f. tr.

Le Diable Boiteux, par M. le Sage. Lond. 1750, 2 vol. in-12. v. f. d. f. tr.

La Rofalinde, imitée de l'italien. La Haye, 1732, 2 part. en 1 vol. in-12. v. marb. d. f. tr.

La Raifon du temps, ou la folie raifonnée, par le Baron de Fernueftsberg, Allemand francifé. Amft. 1761, 2 tom. en 1 vol. in 12. d. f. tr.

Mes loifirs, par M. le Comte d'Arcq. Par. 1755, in-12. m. r.

Les Amours, intrigues & cabales des domeftiques des grandes maifons, Ouvrage fort plaifant & agréable pour réjouir les efprits mélancoliques. Par. 1733, in-12. m. d. f. tr.

Pharfamond, ou les Nouvelles folies romanefques, par M. de Marivaux. Par. 1737, 4 part. en 1 vol. v. br. d. f. tr.

La Baguette myftérieufe, ou Abifaï. Par. 1765, 2 part. en 1 vol. in-12. v. marb. d. f. tr.

Zaïde, Hiftoire Efpagnole, par M. Ségrais. Par. 1764, 2 vol. in-12. v. marb. d. f. tr.

Les amours d'Ifmene & d'Ifmenias. La Haye. 1743, in-12. fig.

Pigmalion, ou la Statue animée. Lond. 1741, in-12. v. éc.

Les Œuvres de Mylord, Comte de Shaftsbury. Genev. 1769, 3 vol. in-8. m. rouge.

Le Comte de Valmont, ou les Egaremens de la raifon, par M. l'Abbé Gérard. Par. 1774, 3 vol. in-12. fig. v. br. d. f. tr.

Ecole des Filles, ou les Mémoires de Conftance. Lond. 1759, 4. part. rel. en 2 vol. in-12. v. marb. d. f. tr.

Les Nuits parifiennes, à l'imitation des Nuits attiques d'Aulugelle. Par. 1769, 2 vol. in-8. v. éc. d. f. tr.

Les Nuits angloifes, ou Recueil des traits finguliers & Anecdotes. Par. 1770, 4 vol. in-8. éc. d. f. tr.

Les Œuvres de Dom Francifco de Quevedo, trad. de l'efpagn. par M. Raclots. Brux. 1718, 2 vol. in-12. fig. v. br. d. f. tr.

Les Soirées helvétiennes, Alfacienne & Francomtoife. Par. 1771, in-8. v. éc. d. f. tr.

Aventures choifies, contenant l'Amour innocent, perfécuté, l'efprit folet, ou le Sylphe amoureux, le Cœur Volant, ou l'Amant étourdi & la belle Aventuriere. Par. 1714, in-12. br. d. f. tr.

Sapho, Roi de Perfe, par M. Perrey. Par. 1730, 5 vol. in-12. v. br. d. f. tr.

Amufemens des Dames, ou Recueil d'Hift. galantes, tirées des meilleurs Auteurs de ce fiecle. La Haye, 1763, 8 vol. in-12. v. éc. d. f. tr.

Mémoires de Verforan. Amft. 1751, 3 vol. in-12. v. br. d. f. tr.

Aventures d'Ulifle, dans l'Ifle Dæca, par M. de**. Par. 1752, in-12. éc. d. f. tr.

La Coquette punie, ou le Triomphe de l'innocence fur la perfidie. La Haye. 1749, 2 part. 1 vol. in-12. v. marb. d. f. tr.

Le Philofophe anglois, ou l'Hiftoire de Cleveland, trad. par M. l'Abbé Prévôt. Utrecht, 1734, 6 vol. in-18. v. br. d. f. tr.

La jeune Alcidiade, par Me de Gomez. Amft. 1739, 2 vol. in-12. v. j. d. f. tr.

Ibrahim, ou l'Illuftre Baffa, nouv. édit. corrig. & augm. de fig. en taille-douce. Par. 1723, 4 vol. in-12. v. marb. d. f. tr.

Les Mille & un Jour, Contes Perfans, trad. en françois, par M. Petit de la Croix. Utrecht. 1732, 5 v. in-12, fig. v. f. d. f. tr.

Les Mille & une Faveurs, Contes de Cour, tirés de l'ancien Gaulois, par la Reine de Navarre, & publiés par M. le Chevalier de Mouhy. Lond. 1740, 8 vol. in-12. pet. pap. m. r.

La Nuit & le Moment, ou les Matinées de Cythere, Dialogues. Lond. 1755, in 12. v. marb. d. f. tr.

Nouveaux Contes des Fées, ou les Fées à la Mode, par Mde Daulnoy. Amst. 1727, 6 vol. in-12. v. j. d. f. tr.

L'Humanité, Histoire des infortunes du Chevalier Dampiere. Par. 1755, 2 vol. in-12. v. marb. d. f. tr.

Journées Maugoles, Opuscules des Sens d'un Docteur Chinois. Par. 1773, 2 part. in-12. v. j. d. f. tr.

Contes Persans, par Inatula Dedelhi, trad. de l'Anglois, 2 tom. 1 vol. in-12. Par. 1769, v. marb. d. f. tr.

Les Mémoires & Aventures d'un Homme de qualité, par M. l'Abbé Prévôt. Amst. 1742, 8 vol. in-12. p. p. veau j. d. f. tr.

Léonile, par Mlle ***. Nancy, 1755, 2 vol. in-12. v. br. d. f. tr.

Trapu, Reine de Topinanboux, ou la Maîtresse femme pour servir de suite aux Ouvrages du même Auteur. Paris, 1771, in-12. v. j. d. f. tr.

Nouveaux Contes Moraux, ou Historiettes galantes & morales, par M. C***. 3 part. 1 vol. in-12. Par. 1767, v. marb. d. f. tr.

Roger Bontemps en bel humeur, par M. de Rancelot. Amst. 1763, 2 vol. in-12. v. marb. d. f. tr.

Contes philos. & Moraux, par M. de la Dixmerie. Lond. 1769, 3 vol. in-12. v. marb. d. f. tr.

Mirsa & Fatmé, Contes Indiens, trad. de l'Arabe. La Haye, 1754, v. m. d. f. tr.

Iphis & Aglaé. Par. 1768, 2 vol. in-12. v. br. d. f. tr.

Mémoires & Anecdotes pour servir à l'Hist. de M. Dulys. Lond. 1739, in-8. gr. marb.

Ornoko, ou le Prince Négre, imitation de l'anglois, par M. de la Place, 1768, in-12. fig. v. éc. d. f. tr.

Les Faveurs du Sommeil, hist. trad. d'un fragment Grec d'Aristhené. Lond. 1746, in-12. v. éc. d. f. tr.

L'Eleve de la Nature. Par. 1771, 3 vol. in-12. fig. v. j. d. f. tr.

Imirce, ou la Fille unique de la Nature. Berl. 1765, in-12. v. j. d. f. tr.

Le Paysan parvenu, ou Mémoires & Aventures de M. de Vervale. Dresde, 1772, 2 tom. en 1 vol. in-12. v. j. d. f. tr.

Le Paysan perverti, ou les Dangers de la Ville, par M. Retif de la Bretonne, Par. 1776, 4 part. en 2 vol. in-12. v. br. d. f. tr.

Lettres Siamoises, ou le Siamois en Europe. 1751, — Lettres Moscovites. à Kônisberg, l'an 1736, in-12. v. marb. d. f. tr.

P H I L O L O G I E.

Critiques, Satyres, Pensées, bons Mots & Emblémes.

Alexandri ab Alexandro Jurisperiti Neapolitani genialium dierum, libri sex, cum Commentariis variorum. Ludg. Bat. 1673, 2 v. in-8. vel.

Jo. Barclaii Argenis. Lugd. Bat. Elzevire, 1630, in-12. m. r.

Argenis de Jean Barclai, trad. nouvelle, entichie de fig. Par. 1725, 5 v. in-8. v. b. d. f. t.

Titi Petronii Satyricon quæ supersunt, cum notis variorum, curante Burmanno. Trajecti ad Rhenum, 1709, in-4. v.

Anthologia veterum, Latinorum epigrammatum & poematum, sive Catalecta Poetarum Latinorum, in sex Libros digesta, curante Petro Burmanno. Amstel. 1759, in-4. f. v. gr. p.

Georg. Buchanani opera omnia, Historica, Chronologica, Juridica, Politica, Satyrica, Poetica; curante Thoma Ruddimanno. Lugd. Bat. 1725, 2 v. in-4.

Nouveau Recueil des Epigrammatistes François anciens & modernes. Amst. 1720, 2 v. in-12. v. f. d. f. t.

La Danse des Morts, comme elle est peinte dans la louable Ville de Bâle, pour servir de miroir à la nature humaine, dessinée & gravée sur l'original de feu Matth. Merian : on y a joint une description de la Ville de Bâle, & des Vers à chaque figure. Bâle, 1756, in-4. v. f. d. f. t.

Le Zodiaque de la Vie humaine, par M. de la Monnerie. Lond. 1733, in-12. rel.

Asini Laus. Lugd. Bat. 1623, in-4. v. b. d. f. t.

Eloge de l'Enfer, ouvrage critique, histor. & morale. 2 v. in-12. v. b. d. f. t.

Les Métamorphoses, ou l'Asne d'or d'Apulée, par M. de Montliard. Paris, 1623, in-8. m. r. belles épr.

Réflexions morales, satyriques & comiques sur les mœurs de notre siecle. Amst. 1716, in-12. v. j. d. f. t.

Mon radotage ou celui des autres. A Bagatelle, 1770, in-12. d. f. t.

Le grand Diction. des précieuses, historiques, poétiques, géographiques, &c. par le Sr de Somaize. 1661, 2 v. in-8. v. fil.

Toilette de M. l'Arch. de Sens, ou Réponse au Factum des Filles de Ste Catherine-lès-Provins contre les PP. Cordeliers. 1669, in-12. v.　　　　　　　　Factum

Factum pour les Religieuses de Ste Catherine-les-Provins contre les PP. Cordeliers à Doregnal, 1679. — Le Pain-béni de M. l'Abbé de Marigny, 1673, in-12. p. pap. v.

Apologia auctoris in malleum maleficarum. in-8. vel. absque anni & loci indicatione.

Des Satyres personnelles, traité histor. & critiq. de celles qui portent le titre d'Anti-Bellarmin. Par. 1689, 2 v. in-12. m.

Hist. Macatonite de Merlin Coccaie. Paris, 1606, 2 v. in-12. v. f. d. f. t.

Seviniana, ou Recueil tiré des Lettres de Mad. de Sevigné. Patis, 1768, in-12. v. m. d. f. t.

Les Pensées & Maximes morales de M. de la Rochefoucault. Par. 1763, in-12. m. r.

Scaligetiana, sive excerpta, ex ore Josephi Scaligeri. Genevæ, 1666, in-12. v.

Menagiana, ou les bons Mots de Ménage. Amst. 1762, 4 v. in-12. v. f. d. f. t.

Idem de 1715, 4 v. in-12. édit. rare.

Vasconiana, ou Recueil des bons mots, des pensées les plus plaisantes, & des rencontres les plus vives des Gascons. Paris, 1710, in-12. v.

Longueruana, ou Recueil de pensées, de discours & de conversations, par Louis Dufour de Longuerue. Berlin, 1754, 2 part. en un v. in-12. v.

Pensées de Milord Bolimbrock sur différens sujets d'histoire, de philosophie & de morale. Par. 1771, in-12. v. éc. d. sur t.

Les Pensées de M. le Comte d'Oxinsteirn. La Haye, 1742, 2 v. in-12. v. b. d. f. t.

Recueil d'Emblêmes divers, avec des discours moraux, philos. & polit. par Baudoin. Par. 1746, 2 v. in-8, m. r.

Andreæ Alciati emblemata, cum Commentariis Claudii Minois, operâ Joan. Thuilii Mariæmontani Tirol. Patavii, 1621, in-4. fig. v.

Emblemata Florentii Schoonhovii. Goudæ, 1618, in-4. fig. v. de l. d. f. t.

Epistolaires latins & françois.

Libanii Sophistæ Epistolæ græcæ in latinum conversæ, à Joanne Christophoro Wolfio. Amst. 1738, in-fol.

Caii Plinii Cæcilii secundi Epistolarum libri decem, ex recensione Cortii & Longolii. Glasguæ, 1751, in-4. v. d. f. t. fil. f. plat.

Francisci Philelfi Epistolarum liber primus. in-4. sans date, ni lieu, contenant 16 Livres de cet Auteur.

Isacii Casauboni Epistolæ, 3a editio, curante Theodoro Janson, ab Almeloveen. Roterd. 1709, in-fol.

Davidis Ruhnkenii Epistola critica 1. in Homeridarum, Hymnos & Hesiodum. Lugd. Bat. 1749, in-8. v. f. fil. f. plat.

Desiderii Erasmi Roterodami Epistolæ. Lugd. Bat. 1706, 2 part. en un vol. in-f. fig. v.

Lettres de M. le Chev. d'Eon. in-4. gr. p. v. d. f. t. fil.

Lettres & Mémoires pour servir à l'histoire de Mad. de Maintenon. Amst. 1755, 14 tom. en 7 v. in-12. v. j. d. f. t. rare.

Lettres de Mad. du Montier. Lyon, 1773, 2 v. in-12. d. f. t.

Lettres & Vie de Clément XIV. Par. 1776, 4 v. in-12. v. j. d. f. t.

Lettres de Ninon l'Enclos au Marq. de Sévigné, avec sa Vie. Amsterd. 1768, 2 vol. in-12. m. r.

Œuvres du Marq. d'Argens. La Haye, 1742, 1756 & 1741, 18 v. in-12. éc. d. f. t.

Lettres de Mad. la Comtesse de la Riviere. Par. 1776, 3 v. in-12. v. j. d. f. t.

POLIGRAPHIE.

Justi Lipsi opera omnia, postremum ab ipso aucta & recensita, nunc primum copioso rerum indice illustrata. Antuerpiæ, ex officinâ Plantiniana, 1637, 4 v. in-fol. fig. vel.

Les Œuvres de Mad. de Montaigue. Paris, 1768, 2 tom. en un v. éc. d. f. t.

Les véritables Œuvres de M. de Saint-Evremond. Lond. 1706, 5 vol. in-12. v. j. d. f. t.

Les Œuvres de M. de Fontenelle, augment. & enrichies de fig. de Bern. Picatt le Romain. A la Haye, 1738, 3 v. in-fol. éc. d. f. t.

Œuvres diverses de M. de Fontenelle, augmentées & enrichies de fig. gravées par Bern. Picart. A la Haye, 1728, 3 v. in-4. fig. v. éc. fil. f. pl. gr. pap.

Idem, 3 v. in-fol. m. r.

Les Œuvres de M. de Voltaire. Geneve, 1768, 24 v. in-4. fig. &c.

Variétés littéraires & amusantes, par M. Sablier. Par. 1769, 4 v. in-12. éc. d. sur t.

Les Œuvres complettes de M. Saintfoix. Par. 1778, 5 v. in-8. m. r.

Les Œuvres de Pope. Amsterd. 1758, 7 v. in-12. m. r.

Les Œuvres de Marmontel, contes moraux, Pharsale, & Yncas. 7 v. in-8. m. r.

Les Œuvres de M. d'Arnaud. Par. 1768, 7 vol. in-8. gr. pap. j. d. f. tr.

Les Œuvres de Jean-Baptiste Rousseau. Lond. 1753, 5 vol. in-12. v. j. d. sur tr.

Les Œuvres d'Hamilton. Par. 1771, 4 vol. in-12. v. j. d. f. tr.

Les Œuvres e M. Dorat, 14 tom. en 7 vol. in-8. v. j. d. f. tr.

Les Œuvres de la Motte le Vayer. Dresde,

1756, 7 vol. in-8. v. de l. d. f. tr.
gr. p.

Les Œuvres de Jean-Jacques Roufleau. Amft. 1769, 8 vol. in-12. m. r.

Diction. critique pittorefque & fententieux, par Caraccioli. Par. 1768, 3 vol. in-8. v. br. d. f. tr.

Théâtre de Campagne, par l'Auteur des Proverbes dramatiques. Par. 1775, 4 tom. en 2 vol. in-8. v. j. d. f. tr.

Le nouveau Théâtre de la Foire, ou Recueil de pieces parodiées & Opéra-Comiques. Par. 1765, 4 tom. en 2 vol. in-8. v. marb. d. f. tr.

Anthologie Françoife, ou Chanfons choifies depuis le 13e. fiecle jufqu'à préfent, 1765, 4 vol. in-8. br.

Les à-propos de Société. 1776, 2 vol. in-8. v.

Le Théâtre de Société. Par. 1768, 2 vol. in-8. v. j. d. f. tr.

L'Embarras de la Ficiro de Beaucaire, en Vers burlefques, par Jean-Michel de Nifmes, Nifmes, fans date in-12. v.

Les Loifirs du Chevalier d'Eon. Amft 1774, 13 vol. in-8. rel. en 7. v. br. d. f. tr.

L'Inoculation du bon fens. La Haye, 1761, in 12. v. éc.

Les Souvenirs de Mad. de Caylus. Amft. 1770, in-11. v. marb. d. f. tr.

Dialogues & Entretiens.

Les Entretiens d'Arifte & d'Eugene. Par. 1673, in-12. m. r.

Defiderii Erafmi Colloquia. Amftel. Elz. 1677. v. br. d. f. tr.

Defiderii Erafmi Roterodami Colloquia, cum notis Variorum Delphis. Lugd. Bat. 1729, in-8. v. f. hl. f. pl.

Dialogues des Morts, par M. le Profeffeur de Joncourt. à la Haye, 1760.

HISTOIRE.

Préparation à l'Hift. Atlas & Voyages.

Méthode pour étudier l'Hiftoire, par M. Lenglet du Frefnoy, augm. & ornée de cartes géograph. Par. 1729, 5 vol. in-4. gr. pap. v. f.

La Phyfique de l'Hiftoire, ou Confidérations fur les tempéramens & caractéres des Peuples. Par. 1765, in-12. v. marb. d. f. tr.

Hiftoire véritable des temps fabuleux, par M. Guerin du Roger. Par. 1776, 5 vol. in-8. m. r.

Origine des premieres Sociétés des peuples, des Sciences, des Arts & des Idiômes anciens & modernes. Paris, 1769, in-8. v. br. d. f. tr.

Le grand Dictionn. Géograph. & Critique, par Bruzen de la Martiniere. Amft. 1726, 10 vol. in-fol. v. br. d. f. tr.

Atlas général, contenant les Cartes générales des Globes Célefte & Terreftre, celle des Ifles Britanniques, des Couronnes du Nord, de la Ruffie en Europe, de la Pologne, de la Pruffe & des 17 Provinces des Pays-Bas, fuivant la collection du Chevalier Beaurin. Par. 1763, 2 vol. compofé de 299 cart.

Atlas hift. ou nouvelle Introduction à l'Hiftoire, chronologie & géographie ancienne & moderne, par M. Gueudeville, Amft. 1713, 7 vol. in-fol. fig. gr. pap. v. b. d. f. tr.

Atlas de M. Robert de Vaugondi, in-fol. pap. impér. v. marb.

Atlas de la Navigation & du Commerce qui fe fait dans toutes les parties du Monde. Amft. 1715, c. m. fig. enlum.

Paufanias, ou Voyage hift. de la Grece, trad. en françois, avec des Remarques, par l'Abbé Gedoin. Par. 1731, 2 vol. in-4. gr. pap. m. r.

Voyages Littéraires de la Grece, par M. Guy, Secretaire du Roi. Par. 1776, 2 vol. in-8. v. j. d. f. tr.

Hiftoire générale des Voyages, par M. l'Abbé Prévôt. Par. 1746, 19 vol. in-4. v. br. d. f. tr.

Voyages du Chevalier Chardin, en Perfe & autres lieux de l'Orient. Amft. 1735, 4 vol. in-4. fig. rel.

Supplément au Voyage de Bougainville. Par. 1772, in-8. éc. d. f. tr.

Les Voyages autour du Monde, par Banck & Solander. Par. 1774, 4 vol. in-4. v. br. d. f. tr.

Journal du fecond Voyage du Kook. Par. 1777, in-8. v. j. d. f. tr.

Voyages dans l'Hémifphere Auftrale, par Koock. Par. 1778, 4 vol. in-4. éc. d. f. tr.

Le Voyage de la nouvelle Guinée, dans lequel on trouve la Defcription des lieux, des Obfervations phyfiques & morales, &c. par M. Sonnerat. Paris, 1776, in-4. fig. v. j. d. f. tr.

Voyages métallurgiques, ou Recherches & Obfervations fur les mines & forges de fer, &c. par M. Jars. Lyon, 1774, in-4. fig. v.

Voyages de Dalmatie de Grece & du Levant, par George Weller, 1689, 2 vol. in-12. v. j. d. f. tr.

Les 6 Voyages de Jean Baptifte Tavernier en Turquie, en Perfe & aux Indes. Utrecht, 1712, 3 vol. in-12. v. éc. d. f. tr. rar.

Voyage fait par ordre du Roi en 1771 & 1772, en diverfes parties de l'Europe, de l'Afrique & de l'Amérique, pour vérifier l'utilité de plufieurs méthodes

& inftrumens fervant à déterminer la latitude & la longitude, par MM. de Verdun, de Borda & Pingré. Par. Imprimerie Royale. 1773, 2 vol. in-4. v. m.

Voyage hiftorique de l'Amérique méridionale, fait par ordre du Roi d'Efpagne, par Dom George-Juan, & Antoine de Ulloa, contenant l'Hiftoire des Yncas du Pérou. Amft. 1752, 2 vol. in-4. v. marb. fig.

Hiftoire des Aventuriers Filibuftiers qui fe font fignalés dans les Indes, le tout enrichi de cartes géograph. & de fig. en taille-d. par Alexandre Olivier, nouv. édit. Trév. 1775, 4 vol. in-12. v. j. d. f. tr.

Les Aventures de M. le Beau, Avocat en Parlement, ou Voyages curieux parmi les Sauvages de l'Amérique feptentrionale. Amft. 17,8, 2 vol. in-12. v. m. d. f. tr.

Nouveaux Voyages dans l'Amérique feptentrionale, par M. Boffu. Amft. 1767, in-8. éc. d. f. tr.

Hiftoire de la Navigation aux terres Auftrales. Par. 1756, 2 tom. 1 vol. in-4. v. j. d. f. tr.

Voyages & Aventures de Jacques Maffé. Bord. 1718. in-12. v. marb. d. f. tr.

Voyages à l'Ifle de France & à l'ifle de Bourbon. Par. 1773, 2 vol. in-8. v. éc. d. f. tr.

Voyages de Michel Montaigne. Par. 1774, in-4. gr. pap. v. br. d. f. tr.

Voyages en l'autre Monde, ou nouvelles Littéraires de celui-ci. Par. 1752, in-12. v. marb. d. f. tr.

Voyages philof. dans un Pays inconnu aux habitans de la terre, par M. Liftonie, Amft. 1771, 2 vol. in-12. v. marb. d. f. tr.

Voyages de Milord Cyton, dans les 7 Planetes, ou le nouveau Mentor. Par. 1776, 4 vol. in-12. v. marb. d. f. tr.

Chronologie.

Thefaurus temporum Eufebii Pamphili Cæfareæ Paleftinæ Epifcopi notis illuftrationibus Jofephi Scaligeri. Amftel. 1658, in-fol. vel.

Jofephi Scaligeri Juli Cæfaris, opus de emendatione temporum. Col. Allobrogum, 1629, in-fol. vel.

Dion. Petavii Aurelianenfis rationarium temp. in partes tres libros quatuordecim diftributum. Parif. 1702, 2 v. in-12. veau.

Chronologia Sacra profana à mundi condito ad annum 5352, auctore David Ganz. Lug. Par. 1644, in-4. v.

Tablettes Chronologiques de l'Hift. univerfelle, par M. Lenglet du Frefnoy. Par. 1763, 2 vol. in-8. v. éc. d. f. tr.

Hiftoire univerfelle.

Introduction à l'Hiftoire générale & politique de l'Univers, par le Baron de Pufendorf, & augm. par Bruzen de la Martiniere, donné par M. de Grace. Par. 1753, 8 vol. in-4. gr. p. éc d. fur tr.

Jacobi-Augufti Thuani Hiftoriarum fui temporis Libri CXXXVIII. Lond. Ham. Buckley, 1733, 7 vol. in fo°. v.

Hiftoire univerfelle facrée & profane, par Auguftin Calmet. Strasb. 1735, 17 vol. in-4. v. marb.

Hiftoire univerfelle, trad. de l'anglois, par une Société de Gens de Lettres. Amft. 1770 & années fuiv. 39 vol. in-4. m. r.

Difcours fur l'Hift. univerfelle, par Boffuet. Par. 1732, in-4. gr. pap. v. br. d. f. tr.

Hiftoire Eccléfiaftique.

Annalium Sacrorum à Creatione mundi ad Chrifti Incarnationem Epitome lat. arabico, auctore Britio Rhedonenfi, Capucino. Rom. 1655, in-4. v.

Annalium Eccléfiafticorum Cæfaris Baronii arabica Epitome. Rom. 1553, in-4.

Natalis Alexandri Hiftoria Eccléfiaftica veteris novique Teftamenti ab orbe condito ad annum poft Chriftum natum millefimum fexcentefimum. Parif. 1714, 8 tom. en 7 vol. in-fo°. rel.

Mémoires pour fervir à l'Hiftoire eccléfiaftique des 6 premiers fiecles, par M. Lenain de Tillemont. Par. 1712, 16 vol. in 4. rel.

Hiftoire Eccléfiaftique, par M. l'Abbé Fleury. Par. 1722. 36 vol. in-4. gr. pap. v. br. d. f. tr.

Abrégé de l'Hiftoire Eccléfiaftique, par M. l'Abbé Racine. Col. 1762, 13 vol. in-4. gr. pap. éc. d. f. tr.

Lettres à Morénas fur fon prétendu Abrégé de l'Hiftoire Eccléfiaftique. Liege, 1755. in-12. v. br.

Œuvres pofthumes de M. l'Abbé Racine. Col. 1759, in-12. v. j.

Abrégé de l'Hiftoire Eccléfiaftique, par Formey. Amft. 1763, 2 vol. in-12. v. br. d. f. tr.

Hiftoire des Papes, depuis S. Pierre jufqu'à Benoît XIII inclufivem. par Bruys, La Haye. 1732, 5 vol. in-4. gr. pap. m.

Hiftoire de la Papeffe Jeanne, fidélement tirée de la Differtation latine de M. Sphanheim, La Haye, 1758, 2 tom. 1 vol. in 12. fig. v. marb. d. f. tr.

Hiftoire Eccléfiaftique d'Allemagne, contenant l'érection, le progrès & l'état ancien & moderne de fes Archévêchés

Evêchés, Brux. 1723, 2 vol. in-12. figveau.

Historia sacra & profana Archiepiscopatus Mechliniensis studio, Cornelii van Gestel. Hagæ-Comitum. 1725, 2 tom. 1 vol. in-fol. fig. v.

Acta primorum Martyrum, auctore Ruynart, Paris. 1689, in-4. v. f. d f. tr.

Histoire des Ordres Monastiques, Religieux & Militaires, par le Pere Heliot, Par. 1714, 8 vol. in-4. fig. mar.

Histoire des Chevaliers & Hospitaliers de S. Jean de Jerusalem, appellés aujourd'hui de l'Ordre de Malthe, par M. l'Abbé de Vertot. Par. 1725, 4 vol. in-4. gr. pap. m. r.

Philippi à Limborch Historia inquisitionis cui subjungitur libet Sententiarum Inquisitionis Tholosauæ. Amstel. 1692, In-fol. fig. v. f. fil.

Hist. abrégée de la derniere persécution de Port-Royal. 1750, 3 vol. in-12.

Hist. impartiale des Jésuites, depuis leur établissement jusqu'à leur premiere expulsion, par Linguet. 1748, 2 vol. in-12. v. marb. d. f. tr.

L'Histoire des Anabaptistes, contenant leur Doctrine, les diverses opinions qui les divisent en plusieurs Sectes, Amst. 1699, in-12. v. f. d. f. tr.

Mémoire historique & Chronologique sur l'Abbaye de Port-royal des Champs. Utrecht, 1758. 9 vol. in-12. veau éc.

Histoire Ecclésiastique des Eglises réformées, Genev. 1580, 5 vo'. in 8. m. r.

Johannis Matthiæ Hasii descriptio Geographico-Historica Regni Davidici & Salomonei cum delineatione Sytiæ & Ægypti, &c. 1754, in-fol. carr. fig.

Cérémonies & Coutumes religieuses de tous les peuples du monde, représentées avec des fig. de Bernard Picart, Amst. 1723, 11 vol. in fol. gr. pap. v. f.

Histoire Ancienne.

Introduction à l'Histoire des Juifs, depuis le déluge jusqu'à la fin du gouvernement de Moïse, par Robert Cleyton, Leyde, 1752, in-4. v. éc. fil. f. pl.

Flavii Josephi opera, quæ reperiri potuerunt omnia illustrata, à Joanne Hudsono. Oxonii, 1720. 2 vol. in-fol. v. br.

L'Histoire des Juifs, écrite par Flavius-Joseph, sous le titre des Antiquités Judaïques, par M. Arnaud d'Andilly. Amst. 1681, in-fol. fig. rar. v. éc. d. f. tr.

Hist. des Juifs, écrite par Flavius Joseph, par M. Arnaud d'Andilly, Par. 1735, 5 vol. in-12. v.

Histoire des Juifs, depuis Jesus-Christ jusqu'à présent, pour servir de continua-

tion à l'Histoire de Joseph, par M. Basnage, à la Haye, 1716, 15 vol. in 12. veau.

Nouvelle trad. de l'Histoire de Joseph, faite sur le Grec, avec des notes critiques & historiques, par le Pere Gillet. Par. 1769, 4 vol. in-4. gr. pap. v. éc.

Historia Josephi Patriarchæ ex Alcorano Arabico cum triplici Versione latina, cum Scholiis Thomæ Erpenii. Leidæ, 1617, in-4. vel.

Dictys Cretensis & Dares Phrygius de Bello ex excidio Troj. cum notis variorum Amst. 1702, in-4. v. éc. fil. f. pl.

Polybii Lycortæ Megalopolitani Historiarum libri qui supersunt interprete Isaaco Casaubono recensione Gronovii Amst. 1670, 3 vol. in-8. v.

Histoire ancienne Romaine, Empereurs, & Traité des études de M. Rollin. 23 vol. in-4. v. br. d. f. tr.

Q. Curtii Rufi Alexander Magnus & in illum Commentarius Samuelis Pitisci. Traj. ad Rhenum, 1693, in-8. vel.

Quinti Curtii Rufi de rebus gestis Alexandri Magni cum notis Variorum, curante Henrico Snakenburg. Delphis & Lugd. Bat. 1724, 2 vol. in-4. v.

Justini Historiæ Philippicæ, ex recensione Joannis Georgi Grævii cum ejusdem castigationibus & notis Jacobi Bongardii aliorumq. Lugd. Bat. 1683, in-8. v. br.

Caii Silii italici Punicorum libri septemdecim, curante Arnoldo Drakenborch. Traj. ad Rhenum, 1717, in-4. v.

Histoire de Thucidide, ou la Guerre du Peloponese, trad. par M. Perot. Amst. 1713, 3 vol. in-12. fig. m. r.

Histoire du Prince Erastus, fils de l'Empereur Dioclétien. Par. 1709, in-12. v. br. d. f. tr.

Histoire Romaine.

L. Annæi Flori Epitome rerum Romanarum, ex recensione Georg. Grævii. Amstelod. 1701. 2 tom. en un vol. in-8. vel.

Joh. Rosini Romanarum antiquitatum Corpus absolutissimum cum notis Dempsteri & æneis fig. accuratissimis. Lugd. Bat. apud Hackios, 1663, in-4. fig. veau.

Dionis Cassii Historiæ Romanæ, gr & lat. quæ supersunt cum indicibus Germanni Samuelis Reymari. Hamb. 1750, 2 vol. in-fol. v. éc.

Les Annales de M. l'Abbé de la Bletterie. Par. 1758, 3 vol. in 12. m. r.

C. Crispi Sallustii quæ extant ex optimis Codicibus accuratissime castigata : accedunt Julius Exsuperantius, Porcius Latro & fragmenta Historicorum veterum. Patav. 1722, in-8. v. f. fil. f. pl.

C. Crispi Sallustii quæ extant cum notis Variorum, curante Sigeberto Havercampo. Amst. 1742, 2 vol. in-4. gr. p. v.

C. Suetonius tranquillus & in eum Commentarius, exhibente Joanne Schildio. Lugd. Batav. 1662; in-8. vel.

C. Julii Cæsaris Commentariorum de Bello Civili libri tres. Glasg. 1750, 2 tom. en 1 vol. in-12. p. p. v. éc. fil.

C. Julii Cæsaris quæ extant cum notis Dionysii Vossii ex Musæo Græv. Amst. 1697, in-8. v.

Les Césars de l'Empereur Julien, trad. du grec, par feu M. le Baron de Spanheim, avec les médailles grav. par Bernard Picart. Amst. 1728. in-4. v.

Histoire de la République Romaine dans le cours du 7me siecle, par Salluste, revue par le Président Desbrosses. Dij. 1777, 3 vol. in-4. v.

Aurelii Victoris Historiæ Romanæ Compendium cum notis Annæ Tanaquilli Fabri filiæ. Paris. 1726, in-4. v.

Velleii Paterculi Historiæ Romanæ libri duo, cum notis Roberti Riguez. Paris. 1675, in-4. v.

L. A. Florus cum notis integris Cl. Salmasii ex selectissimis Variorum. Amst. ex Officinâ Elzevirianâ, 1674, in-8. vel.

Annæi Flori Epitome rerum Romanarum cum notis Variorum, curante Carolo Dukero. Lugd. Bat. 1712, in-8. vel.

Cornelii Taciti opera quæ extant cum Commentariis Variorum & recensione Gronov. Amst. 1672, 2 vol. in-8. v.

M. Annæus Lucanus de Bello Civili cum notis Variorum, accurante Cornelio Schrevelio. Lugd. Bat. ex Officina Hackiana. 1669, in-8. vel.

Cornelii Nepotis vitæ excellentium Imperatorum cum notis Commentatorum omnium. Amst. 1707, in-8. vel.

T. Livii Patavini Hist. ab urbe condita libri qui supersunt omnes cum notis Laurentii Vallæ aliorumque Drakenborch adnotationibus & supplem. Freinshemii. Lugd. Batav. 1638, 7 vol. in-4. v. f. fil. f. pl.

T. Livii Patavini Historiæ ab urbe condita. Amst. apud Danielem Elzev. 1665-78, 3 vol. in-8. v.

Titi Livii Patavini Historiarum ab urbe condita libri qui supersunt ad optimam editionem Ruddimanni Edimb. 1764, 4 vol. in-12. v. éc. fil.

Caius Suetonius tranquillus cum animadversionibus J. Augusti Ernesti. Lipsiæ, 1748, in-12. v. marb.

Historiæ Augustæ Scriptores sex, cum notis Casauboni aliorumque, accurante Cornelio Schrevelio. Lugd. Bat. 1661, in-8. vel.

Histoire de Salluste, trad. en franç. par Bauzée. Par. 1770, in-12. fig. v. j. d. f. tr.

Révolutions romaines de Vertot. Paris, 1767, 3 vol. in-12. v. j. d. f. tr.

Justini Historiæ Philippicæ cum Commentariis Variorum, curante Abrahamo Gronovio, Lugd. Batav. 1719, in-8. veau.

La République Romaine, ou Plan général de l'ancien Gouvernement de France, par de Beaufaure. La Haye. 1766, 2 v. in-4. éc. d. f. tr.

Zosimi Historiæ novæ libri sex, notis illustrati. Oxonii, 1679, in-8. vel.

Histoire des guerres d'Italie, trad. de l'italien de François Guichardin. Lond. 1738, 3 vol. in-4. gr. pap. v. m.

Les délices de l'Italie. Amst. 1743, 4 v. in-12. v.

Les Impératrices Romaines, par M. de Serviez. Par. 1758, 3 vol. in-12. v. m. d. f. tr.

Histoire de France.

Histoire critique de l'établissement de la Monarchie françoise dans les Gaules, par Dubos. Par. 1742, 2 vol. in-4. v. br. d. f. tr.

Nouvel Abrégé chronologique de l'Hist. de France, par M. le Président Haynault. Par. 1768, in-4. fig. gr. p. d'Holl. mar. bl.

Histoire de France de Welly, Villaret & Garnier. Par. 1770, 12 tom. in-4. rel. en 6 vol. v. br. d. f. tr.

Histoire des Inaugurations des Rois, Empereurs & autres Souverains de l'univers. Par. 1776, in-8. m. r.

De justa Henrici tertii abdicatione è Francorum regno libri quatuor. Paris. 1579, in-8. vel.

Teatro Gallico ò vera la Monarchia della real casa di Borbone in Francia sotto i regno di Henrico IV. Luigi XIII & Luigi XIV, di Gregorio Leti. Amst. 1691, 7 vol. in-4. v. gr. marb.

Histoire Militaire du regne de Louis-le-Grand, par de Quincy. Par. 1716, 7 vol. in-4. fig. v.

Le même, par le Mis de Quincy. Paris, 1726, 7 vol. in-4. gr. p. v. f.

Le Sacre de Louis XV, Roi de France & de Navare, dans l'Eglise de Rheims le Dimanche 28 Octobre 1722, in-fol. form. gr. atlas m. r. dent.

Sagesse de Louis XVI, ouvrage moral & politique sur les vertus de l'Homme. Par. 1775, 2 vol. in-8. v. jas. d. f. tr.

Le Sacre de Louis XVI, enrichi d'un grand nombre de fig. grav. par le Sr. Patas. Par. 1775, in-4. m. r.

Les antiquités & recherches des Villes , Châteaux & Places plus remarquables de toute la France , selon l'ordre & ressort des huit Parlemens. Paris , 1624 , in-12. veau.

Satyre Ménippée , ou la Vertu du Catholicon d'Espagne , de la tenue des Etats de Paris. Ratisb. 1709 , 3 vol. in-8. m. r.

Les Mémoires de Messire Michel de Castelnau , par J. le Laboureur. Brux. 1731 , 3 vol. in-fol. v.

Mémoires de la Cour de France , pour les années 1688 & 1689 , par Mde la Comtesse de la Fayette. Amst. 1731 , v. f. d. f. tr.

Mémoires de l'Etat de France , sous Charles IX. A Meidelb. 1578 , 3 vol. in-8. v.

Mémoires de Maximilien de Béthune , Duc de Sully. Lond. 1767 , 8 vol. in-12. v.

Mémoires de la Ligue , contenant les événemens qui sont passés entre le Roi de France & celui d'Espagne. Amst. 1758 , 6 vol. in-4. gr. pap. v. m.

Mémoires de Condé , servant d'éclaircissement & de preuves à l'Histoire de M. de Thou. Lond. 1743 , 6 vol. in-4. v.

Abrégé chronologique des grands Fiefs de la Couronne de France, Par. 1759, in-8. v. éc. d. f. tr.

Le Journal historique de la Révolution opérée dans la constitution de la Monarchie françoise , par M. de Maupou. Par. 1775 , 5 vol. in-12. m. r.

Histoire de l'Ordre de S. Michel. 1748 , in-4. v. br. d. f. tr.

Les Mémoires de M. de Puységur , sous les Regnes de Louis XIII & Louis XIV. Par. 1747 , 2 vol. in-12. v.

Histoire des Guerres & Négociations qui précéderent le Traité de Westphalie , par le Pere Bougeant , Par. 1727 , 3 vol. in-4. rel.

Statuts & Catalogue des Chevaliers de l'Ordre du S. Esprit. Par. 1733 , in-fol. v. br.

Histoire de Jean de Bourbon , Prince de Carency, par Mad. Daulnoy. Par. 1729 , 2 tom. en 1 vol. in-12 , gr. m. d. f. tr.

Histoire tragique des Princesses de Bourgogne. La Haye , 1720 , 2 part. en 1 vol. v. f. d. f. tr.

Les illustres observations antiques du Seigneur Gabriel Simeon Florentin. Lyon , 1558 , in-4. carr.

Origine des dignités des Magistrats de France , recueillie par Claude Fauchet. Par. 1556 , in-12. v. f. d. f. tr.

Histoire générale & particuliere de Bourgogne , par un Religieux de la Congrégation de S. Maur à Dijon. Dij. 1739 , 3 vol. in-fol. fig. v.

Histoire Sequanoise & de la Province Sequanoise des Bourguignons & du premier Royaume de Bourgogne, de l'Eglise de Besançon jusques dans le 6me siecle , par M. Dunod. Dij. 1735 , in-4. rel.

Les Mémoires historiques de la République Sequanoise , par Gollut. Dôle , 1592 , in-fol. v. f.

Histoire de Provence , par de Gaufridi. Aix , 1694 , 2 vol. in-fol. fig.

Histoire générale de Languedoc , par Dom Vaisete. Paris , 1730 , 5 vol. in-fol.

Joannis Libardæi matrolarum ad Sequanam Marchionis de rebus gallicis Historiarum libri decem. Paris. 1671 , in-4. gr. pap. m. r.

Histoire de la Ville d'Amiens , depuis son origine jusqu'à présent , par le Révérend Pere Daire , Célestin. Par. 1757 , 2 vol. in-4. v. m.

Les Œuvres d'Etienne Pasquier , concernant des Recherches sur la France. Amst. 1723 , 2 vol. in-fol. v.

Mémoires de Gaudence du Luc. Amst. 1753 , 4 part. 2 vol. in-12. fig. v. j. d. f. tr.

Histoire d'Angleterre.

The History of england David Hume. Lond. 1778 , 8 vol. in-8. v.

Histoire d'Angleterre , depuis la descente de Jules-César , jusqu'au Traité d-Aix-la Chapelle 1748 , par M. Smolett , trad. par Targe. Orléans , 1759 , 24 vol. in-12. v. j. d. f. tr.

Histoire d'Angleterre , par Rapin de Thoyras. à la Haye , 1749 , 16 vol. in-4. fig. rel.

Histoire de la Maison de Plantagenet , par David Hume. Amst. 1765 , 2 vol. in-4. veau.

Histoire d'Angleterre , contenant la Maison de Tudor , par M. Hume. Lond. 1768 , 2 vol. in-4. v.

Histoire d'Angleterre , contenant la Maison de Stuart , par M. Hume. Lond. 1767 , 2 vol. in-4. rel.

De Vita & rebus gestis Sereniffimæ Principis Mariæ Scotorum Reginæ , recensita à Samuele Jebb. Lond, 1725 , 2 vol. fol. v.

Histoire de Marguerite d'Anjou , Reine d'Angleterre , par l'Abbé Prévôt. Amst. 1741 , 4 vol. in-12. v. m. d. f. tr.

Histoire du Ministere du Chevalier Robert Walpool. Amst. 1764 , 3 vol. in-12. v. m. fil.

Hist. d'Espagne , Portugal & Pays-Bas.

Histoire des Révolutions d'Espagne , par Joseph d'Orléans. Par. 1734 , 3 vol. in-4. v. br.

Marca Hispanica , five Limes Hispanicus , auctore Petro de Marca. Paris. 1688 , in-f.

Hiſtoire générale d'Eſpagne, trad. de l'eſpagnol de Jean de Ferreras, par M. D.
Hermilly. Par. 1751, 10 vol. in-4. v.
éc. fil. ſ. p. fig. gr. F.

Hiſt. métallique des 17 Prov. des Pays-bas,
depuis l'abdication de Charles-Quint juſqu'à la paix de Bade en 1716, trad. du
Holland. par Gerard Van Loon. La Haye.
1732, 5 v. in-fol. fig.

Révolutions de Portugal, par M. l'Abbé
de Vertot. Par. 1773, in-12. fig. v. j.
d. ſ. tr.

Relation hiſtorique de l'invaſion de la
Cour d'Eſpagne, par les Maures. Par.
1722, 2 tom. in-12. v. m. d. ſ. tr.

Hiſt. des différens Royaumes de l'Europe.

Della Guerra di Fiandra, deſcritta dal
Cardinale Bentivoglio. in Colon. 1635,
36 & 40, 3 vol. in 8. v. bonne édit.
V. la Bib. no. 5500.

Hiſtoire Militaire de Flandre, depuis
1690, juſqu'en 1694, par le Chevalier
de Beaurin. Par. 1755, 2 vol. in-fol.
gr. pap.

Annales des Provinces-Unies, par Baſnage.
à la Haye, 1726, 2 vol. in-fol. v. m. fig.

Hiſtoire des Provinces-Unies des Pays-Bas,
par M. le Clerc, avec les principales
médailles & leur explication. Amſt. 1723,
2 vol. in-fol.

Les Délices de Leyde, une des célebres
Villes de l'Europe. Leyde, 1713. in-12.
fig. v. f. d. ſ. tr.

Les Aventures Hollandoiſes, ou la Vie
& les Aventures divertiſſantes & extraordinaires d'un Hollandois, avec fig. Amſt.
1729, 4 vol. in-12. v. m. d. ſ. tr.

Guillaume de Naſſau, ou la Fondation
des Provinces-Unies, par M. Bitaubé.
Par. 1775, in-8. v. f. d. ſ. tr.

Amuſemens der eaux de Spa. Amſt. Pierre
Mortier, 1735, 2 vol. in-12. fig. v. m.
d. ſ. tr.

Amuſemens des eaux d'Aix la-Chapelle.
Amſt. Pierre Mortier, 1736, 3 vol. in-12.
fig. v. j. d. ſ. tr.

La Princeſſe de Cleves. Par. 1725, in-12.
gr. marb. d. ſ. tr.

Hiſt. de Genêve, depuis ſon origine juſqu'à nos jours, par Berenger. 1772, 6 v.
in-12. veau.

Hiſtoria Genevrina. Amſtelod. 1686, 6 v.
in-12. v. m. fil.

Helveticus, ſive Itinera per Helvetiæ alpi-
nas regiones facta plurimis tabulis æneis
illuſtrata, Joanne Jacobo Scheuchzero.
Lugd. Bat. 1723, 4 tom. en 2 v. in-4. v.
fig.

Nouveau Théâtre du Piémont & de la Sa-
voie, ou Deſcription exacte de leurs Vil-

les, Palais, Egliſes & principaux Edifi-
ces. La Haye, 1725, 2 v. in-fol. v.
pap. imp.

Hiſt. civile du Royaume de Naples, trad.
de l'Ital. de Pierre Giannone. La Haye,
1742, 4 v. in-4. v. éc. fil. ſ. pl.

Hiſt. générale d'Allemagne, par le Pere
Barre. Paris, 1748, 11 v. in-4. v. m.

Mém. de Ruſſie d'Olbery, trad. de l'angl.
Paris, 1770, 2 t. en un v. in-12. gr. m.

Hiſtoriæ Friſingenſis, à Carolo Meichelbeck
Auguſtæ Vindel & Græcii, 1724, 2 v.
in-fol. v.

Hiſtoires des différens Pays hors de l'Europe.

Deſcript. de la Chine, par le P. Duhalde.
Paris, 1735, 4 v. in-fol. v. éc. d. ſ. r.
fil. ſ. pl.

Hiſt. gén. de la Chine, ou Annales de cet
Empire, trad. du Tong kien kan mou,
par le feu Pere Joſ. Anne-Marie de Mou-
rin de Mailla, Jéſuite, Miſſionnaire à
Pekin, donnée par M. l'Abbé Grozier.
Paris, 1777, 2 v. in-4. v. p. d. ſ. t.

Mém. concernant l'hiſtoire, les ſciences,
les arts, les mœurs & les uſages des
Chinois, par les Miſſionnaires de Pekin.
Paris, 1776, 2 v. in-4. éc. d. ſur tr.

Yu le Grand & Confucius, hiſt. Chinoiſe.
Soiſſons, 1769, in-4. m. r.

The hiſtory of Japan. London, 1718,
2 v. in-fol. v. f. fil. ſ. pl.

Hiſt. civile & naturelle du Royaume de
Siam, publiée par M. Turpin. Paris,
1771, 2 v. in-12. v. j. d. ſ. t.

Anecdotes ou hiſt. ſecretes de la Maiſon
Ottomane. Amſt. 1722, 4 v. in-12. v.
f. d. ſ. tr.

Les mœurs & uſages des Turcs, leur
Religion, leur Gouvernement civil,
militaire & politique, avec un abrégé
de l'hiſt. Ottomane, par M. Guer. Paris, 1747, 2 v. in-4. v. m. d. ſ. tr.

Hiſt. de la conquête des Iſles Moluques par
les Eſpagnols, Portugais & Hollandois.
Amſterd. 1706, 3 v. in-12. fig. m. r.
belles épr.

Hiſt. des Yncas, Rois du Pérou, trad. de
l'Eſpagnol; à laquelle on a joint l'hiſt.
de la conquête de la Floride, avec les
fig. de Bernard Picart le Romain. Amſt.
1737, 2 v. in-12. v. f.

Deſcript. gén. hiſtorique, géographique &
phyſique de la Colonie de Surinam, par
Philippe Firmin. Amſt. 1769, 2 tom. en
un v. in-8. fig. éc. d. ſ. tr.

Hiſt. des Cévarambes, peuples qui habi-
tent une partie du troiſieme Continent
de la Terre Auſtrale. Amſt. 1716, 2 v.
in-12. v. br. d. ſ. tr.

Antiquités expliquées, par Bernard de Montfaucon. Paris, 1719 & 1724, 15 v. in-fol. m, r. gr. pap.

Analecta monumentorum omnis ævi Vindobonensia, operâ & studio Adami Franc. Kollarii. Vindobonæ, 1761, 2 v. in-fol. fig. v. f.

Imperatorum Romanorum Numismatum, series à Julio Cæsare ad Rodolphum II, per Levinum Ulcinum. Francot. 1603, in-8. fig. m.

Chiffletii de Numismato antiquo, liber posthumus : accedit Putanii Pecuniæ Romanæ, ratio ejusd. Chiffletii de Ammiani Marcellini, vita & libris Monobiblion. Lovanii, 1628. in-8. m. r.

Recueil d'Antiquités Egyptiennes, Etrusques, Grecques & Romaines, par M. le Comte de Kaylus. Paris, 1752, 6 v. in-4. v. f. fil. f. pl.

Les Pierres antiques, gravées par Bernard Picart, tirées des principaux Cabinets de l'Europe, expliquées par Philippe de Stosch, trad. en franç. par M. de Limiers. Amst. 1724, in-fol. fig. v. f. fil.

Musæum Odescalcum, sive Thesaurus antiquarum gemmarum quæ à Serenissima Christina Svecorum Regina collectæ in Musæo Odescalco adservantur, à Petro Bartolo. Romæ, 1747, 2 v. in-fol. fig.

Numismata ærea Imperatorum Augustarum & Cæsarum, in coloniis, municipiis & urbibus jure latio donatis, auctore Vaillant. Parif. 1688, in-fol. v. f.

Explication histor. des principales Médailles, pour servir à l'hist. des Provinces-Unies des Pays-bas. Amsterd. 1723, in-fol. fig.

Ottonis Sperlingii dissertatio de Nummis non cusis tàm veterum quàm recentiorum. Amst. 1700, in-4. carton.

Gemmæ & Sculpturæ antiquæ depictæ, à Leonardo Augustino Senenci, enarratio earum in Latinum versa ab Jacobo Gronovio. Franequeræ, 1694, 2 part. en un v. in-4. fig. v.

Museo Fiorentino, che contiene i ritratti de Pittori consacrato alla sacra Cæsarea Majesta del augustissimo Francisco primo da Francesco Moucke. In Firenze, 1752, 12 vol. in-fol. fig. carta maxima, v. m. fil. b. épr.

Diarium Italicum, sive Monumentorum veterum Bibliothecarum Musæorum, &c. notitiis singularibus in Itinerario Italico, collectis Bernardo de Montfaucon. Parif. 1702, in-4. v.

Musæum Veronense, hoc est antiquitatum inscriptionum atque anaglyphorum collectio. Veronæ, 1749, in-f. fig. v. f.

Musæum Italicum seu Collectio veterum

scriptorum ex Bibliothecis Italicis, à Joanne Mabillon. Lutetiæ Parif. 1687, 2 v. in 4. fig. m. r.

Le Cabinet de la Bibliotheque de Sainte Geneviéve, par Claude du Moliner. Paris 1692, in-fol. fig.

Recherches curieuses sur les monnoies de France, depuis le commencement de la Monarchie, par Boutrou, Paris, 1766, 1 vol. in-fol. gr. p. m. r.

Hist. d''Eve. 1752, 2 part. en un v. in-12. m. d. f. tr.

Vies des Prophetes, avec des réflexions tirées des SS. Peres. Paris, 1685, in-8. m. r.

Les Vies des Peres des déserts d'Orient & d'Occident. Paris, 1711, 5 v. in-12. fig. m. r. belles épr.

La Vie des Saints, composée sur ce qui nous est resté de plus authentique & de plus assuré dans leur histoire, par Adrien Baillet. Paris, 1701, 17 v. in-8. m. r.

Les Vies des Peres des déserts, & de quelques Saintes, par Arnaud d'Andilly. Par. 1647, 2 v. in-4. m. r. fig.

Vies des Saints de l'ancien Testament, avec des réflexions tirées des SS. Peres. Paris, 1693, in-8. m. r.

Les Vies des Saints pour tous les jours de l'année, avec l'hist. des Mysteres de notre Seigneur J. C. par Méfanguy. Paris, 1730, 6 v. in-12. m. r.

La Vie des Saints pour tous les jours de l'année, tirée des meilleurs & plus fideles Auteurs, avec la Vie de N. S. J. C. & des réflexions chrét. sur les Vies des Saints. Paris, 1714, 4 v. in-8. m. r.

Vies des Saints, en figures, par Callot, in-24. m. r.

La Vie de plusieurs Saints illustres de divers siecles, choisie & trad. par M. Arnaud d'Andilly. Paris, 1765, 2 v. in-8. v. b.

Discours sur les Vies des Saints de l'ancien Testament. Paris, 1732, 6 v. in-12. m. r.

Eloge histor. ou Vie abrégée de la Mere de Chantal. 1768, in-12. v. m.

Hist. admirable de la possession & conversion d'une pénitente séduite par un Magicien, la faisant sorciere & princesse des sorciers au pays de Provence, pour y être exorcisée l'an 1610. Sur l'imprimé à Paris en 1614, in-8. v. f. d. f. tr.

Les Vies intéressantes & édifiantes des Religieuses de Port-Royal. Paris, 1750, 4 v. in 12. v. j. d. f. r.

Vie de S. Charles Borromée. Par. 1760, in-4. veau fauv. filets.

La Vie & l'esprit de S. Charles Borromée, par le P. Touron. Paris, 1761, in-4. v.

La

La Vie des gens mariés, par M. de Ville-
thierry. Paris. 1721, in-12. m. r.

Vie du Vénérable Dom Jean de Palafox.
Cologne, 1767, in-8. fig. m. r.

Hist. abrégée de la Vie & des Ouvrages de
M. Arnaud. Cologne, 1685, in-12,
m. r.

Vie de la Vénérable Mere Catherine de
Bar. Nancy, 1755, in-12. v.

Les Vies des Hommes illustres de Plutarque, trad. en franç. avec des remarques
histor. & crit. par Mad. Dacier. Amst.
1734, 10 v. in-12. v. f. d. s. t.

La Vie de Mahomet, où l'on découvre
amplement la vérité de l'imposture, par
M. Prideaux, enrichie de fig. en taille-
douce. Amst. 1698.

La Vie & les Aventures du petit Pompée,
hist. crit. trad. de l'angl. par M. Touffaint. 2 v. in-12. v. m. d. s. t.

Hist. d'Olympias, Diaconesse de l'Eglise
de Constantinople, par le R. P. Meu-
risse. Metz, 1640, in-4. vel.

Les Œuvres du Seigneur Brantome. La
Haye, 1740, 5 v. in-12 m r.

Claud. Salmasii Plinianæ exercitationes in
Caii Jul. Solini Polyhistoria. Trajecti ad
Rhenum, 1689, in-fol. v. br.

Cl. Æliani Sophistæ variæ historia, cum
notis varior. curante Abrahamo Gronovio. Lugd. Bat. 1731, 2 v. in-4. v.
éc. fil. sur pl.

Fêtes publiques, données par la Ville de
Paris, à l'occasion du Mariage de Mgr.
le Dauphin, les 23 & 26 Fév. 1745, in-f.
v. m. format gr Atlas.

Descript. des Fêtes données par la Ville de
Paris, à l'occasion du Mariage de Mad.
Louise Elisabeth de France & de Dom
Philippe Infant d'Espagne. Paris, 1740,
in-fol. m. pap. imp.

Représentations des Fêtes données par la
Ville de Strasbourg pour la Convales-
cence du Roi, à l'arrivée & pendant le
séjour de Sa Majesté en cette Ville, in-
ventées, dessinées & dirigées par M.
Weis. in-fol. m. r. pap. imp.

Bibliographie.

Diod. Siculi bibliothecæ historicæ, græce-
lat. libri qui supersunt, interprete Laurentio Rhodomano ad fid. mss. recensuit
Petrus Wesselingius, cum notis Henr.
Stephani pluriumque. Amst. 1745, 2 v.
in-fol. v. f.

Vinc. Placcii Theatrum anonymorum &
pseudonimorum, auctore Lud. Frid. Vis-
cher. 3 v. in-fol. vel.

Phochi, Patriarchæ Constantinopolitani,
Myribiblon, seu Bibliotheca librorum
quos legit & censuit Photius, græcè &

lat. Rotomag. 1653, in-fol. vel.

Bibliotheque histor. de la France, par Jacq.
le Long, augmentée par M. Feviet de
Fontette. Paris, 1768, 4 v. in-fol. v.
m. fil.

Bibliotheque des Auteurs de Bourgogne,
par feu M. l'Abbé Papillon. Dijon, 1745,
2 v. in-fol. fig.

Variétés historiques.

An essai on the different Nature of ac-
cent and. Quantily, seu selecta ex Scrip-
toribus Romanis, ex Cicerone, Livio,
Tacito, Plinio, & Velleio Paterculo.
in-. v. f. fil. f. pl.

Mém. de la Vie de Franç. de Scepeaux,
Sire de Vieilleville. & Comte de Dure-
tal, par Vincent Carloix. Paris, 1757,
5 v. in-8. m. r. d. f. t.

Dictionn. raisonné de Diplomatique, par
Dom de Vaines. Paris, 1774, 2 v. in-8.
fig. éc. fil. f. pl.

Frid. Spanhemii opera, quatenus comple-
ctentia Geographiam & Historiam sa-
cram atque ecclesiasticam utriusque temporis. Lugd. Bat. 1701, in-fol. fig. vel.

Valer. Maximi, lib. novem, factorum di-
ctorumque memorabilium, cum notis
varior. Abrahamo Torrenio recensiti.
Leydæ, 1726, 2 v. in-4. v. f. fil. f. pl.

Menagiana, ou les bons Mots & Remarques critiques, par M. Mesnage. Paris,
1715, 4 v. in-12. v. f. d. f. t.

Dictionn. histor. & crit. par H. Bayle.
1710, avec la Dictionnaire de Prosper
Marchand, 5. vol. in-fol. m. r.

grand Dictionnaire historique, ou Mélanges curieux de l'Hist. sacrée & profane, par Moreri. Par. 1749, 10 vol.
in-fol. v. br. d. f. t.

Collection Académique. Dijon, Desventes,
1755, 17 vol. in-3. v. m.

Histoire & Mémoires de l'Académie des
Sciences, depuis son origine jusqu'en
1775, avec les Tables, Machines. 120
vol in-4. v. m.

Histoire & Mémoires de l'Académie des
Inscriptions & Belles-Lettres. 39 vol.
in-4. v m fil.

Hist. Tragique, extraite des Œuvres Ita-
liennes de Bandel. & mise en franç. les
6 premiers, par P. Boictuau, surnom-
mé l'Honnête, natif de Bretagne ; les
suivans, par François Belleforest, Com-
maingeois, 1567, 7 vol. in-18, v. f.
d. f. t.

Hist. prodigieuse, extraite de plusieurs fameux Auteurs grecs & latins, sacrés &
profanes, par MM Boictuau & Belleforest, augmentée de plusieurs portraits
& fig. outre les précédentes édit. 1598,

E

6 vol. in-18 v. f. d. f. tr.

Hift. prodigieufes , extraites de plufieurs fameux Auteurs grecs & latins , facrés & profanes. Par. 561, in-8. v. d. f. tr.

Nobiliaire , ou Armorial général de la Lorraine & du Barrois , par Dom Ambroife Pelletier. Nancy , 1758, 2 tom 1 vol. in-fo. fig. v. m.

Les Impofteurs infignes , ou Hift. de plufieurs hommes de néant de toutes Nations qui ont ufurpé la qualité d'Empereurs , Rois & Princes , par Jean-Baptifte de Rocolle. Amfterd. 1683 , in-12. v. br.

Templum honoris referatum , auctore Theophilo Spizelio. Auguftæ Vindelicorum , 1676 , in-4. fi... vel.

Théâtre du monde , par Richer. Par. 1775, 2 vol. in-8. m. r.

Le Séjour d'honneur , compofé par le Révérend Pere en Dieu , Meffire de Touvien de Saint-Gelais , Evêq. d'Angoulême en 1506 , imprimé à Paris , par Antoine Berard. 1506, in-8. m. r. gothique.

Mélanges d'Hiftoire & de Littérature , par Vigneul de Merville. Paris , 1701 , 3 v. in-12. v. j. d. f. tr.

Outre le Catalogue il s'y trouve un très-grand nombre d'articles qui n'y font pas compris , & qui feront mis en évidence.

La Vente ne s'ouvrira que le 9 Fév. & jours fuivans , jufqu'à la fin du mois.

Lu & approuvé , ce 5 Février 1779.

GOGUÉ, Adjoint.

Vu l'Approbation, permis d'impr. ce 6 Février 1779.

LE NOIR.